Klaus Dautel

Bertolt Brecht
Leben des Galilei

Unterrichtsvorschläge und Materialien
DEUTSCH

Verlag Krapp & Gutknecht

Inhaltsverzeichnis

A. Vorwort und Einführung 7
Warum Brechts „Leben des Galilei“ ein ergiebiges Theaterstück für die Schule ist 7
Zur Entstehungsgeschichte – Fassungen und thematische Schwerpunkte 12
Was ist episches Theater? (I) – Erlaubte Einfühlung und erwünschte Distanz 16
Lektüre–Vorbereitungen 20
Einstiege – Eröffnungs-Varianten 21
Inhaltssicherung als Gruppenpuzzle 24
Vorschläge für die weitere Unterrichtsplanung 25
Schreibanlässe kreativer Art 27
Theater-praktische Annäherung an den „Galilei“ 29

B. „Leben des Galilei“ - Textarbeit 34
1. Bild: Lob der neuen Zeit 34
Die Lage der Wissenschaft an der Schwelle zur neuen Zeit (TA)............................... 36
2. Bild: Wofür ein Fernrohr nützlich sein kann 38
3. Bild: Und wo ist Gott? 39
Original und Brechtsche Aneignung: Galileis Brief 41
4. Bild: Unerwartete Widerstände 42
Weltsysteme 44
Warum die florentinischen Gelehrten nicht durchs Rohr sehen wollen (TA) 45
5. Bild: Pest, Wissensdurst und Aberglaube 47
Galilei – Forscher und Genießer (TA) 48
6. Bild: Verkehrte Welt 48
7. Bild: Roma locuta - causa finita? 51
8. Bild: Die Campagna-Bauern 54
Hinter verschlossenen Türen (Ein Rollenspiel) 56
9. Bild: Neuer Papst, neue Hoffnung, neuer Anfang 58
Vom alten und vom neuen Sinn in der Welt (TA) 59
10.Bild: Der Erde-um-die-Sonne-Zirkus 61
11.Bild: Letzte Gelegenheit zur Flucht 62
12.Bild: Die Stunde des Inquisitors 64
Barberinis Verwandlung: Vom Wissenschaftler zum kirchlichen Oberhaupt 65
13.Bild: Wozu Helden heute? 67
Was ist episches Theater? (II) 70
14.Bild: Die große Selbstkritik 74
Über die Verantwortung des Wissenschaftlers (TA) 76
15.Bild: Auf dem Weg in die „neue Zeit“ 78
Brecht über die zwei Gesichter der „Neuen Zeit“ 80

Inhaltsverzeichnis-Fortsetzung

C. ANALYSEN und MATERIALIEN 82
Strukturen 82
Figuren 85
Vater, Ziehsohn und natürliche Tochter 85
Sozialer Gestus: flacher Charakter und innere Widersprüchlichkeit 87
Arbeiten mit Szenenfotos 91
Bertolt Brecht über Verfremdungseffekte und episches Theater 97
Schlussmonolog des 13. Bildes der 3. Fassung (14. Bild der 3. Fassung) 98
Biografisches 99
Der „Fall Galilei": Warum wurde Galilei angeklagt? 99
Galileo Galilei (1564-1642) 102
Bertolt Brecht (1898-1956) 104
Über die alte, die neue und die ganz neue Wissenschaft 105
Einige Anmerkungen zur Aktualität des „Galilei-Dilemmas" 105
Der Eid des Hippokrates 107
Albert Einstein: Zur Erniedrigung des wissenschaftlichen Menschen 108
Hans Jonas über Klonieren und Lebensverlängerung 110
Aus der Südwestpresse Ulm zum Thema: Biotechnologie 111
Klausurvorschlag 112
Bücher und Internet-Adressen 113

- Die Zitate aus *Leben des Galilei* von Bertolt Brecht beziehen sich auf die Ausgabe edition suhrkamp Bd. 1
- Die mit „Hecht S. xy" gekennzeichneten Angaben beziehen sich auf „Brechts Leben des Galilei", herausgegeben von Werner Hecht, suhrkamp taschenbuch materialien 1981

A. Vorwort und Einführung

Warum Brechts „Leben des Galilei" ein ergiebiges Theaterstück für die Schule ist:

1. BIOGRAFIE. Brechts Arbeit am „Galilei" erstreckt sich über fast 20 Jahre (1938 - 56). Es sind Jahre des Exils und die Jahre nach der Rückkehr in das andere, nicht mehr faschistische, sondern sich antifaschistisch-sozialistisch verstehende Ost-Deutschland. Brechts Lebensstationen und Lebenslagen in diesen zwei Jahrzehnten spiegeln die ganze Problematik deutscher Schriftsteller wider.

2. ZEITGESCHICHTE. Die Geschichte des 20. Jahrhunderts mit ihren politischen und militärischen Katastrophen, mit ihren wissenschaftlichen Entdeckungen und Horrorszenarien hat dem Stück immer neue Anlässe zu seiner Veränderung und Aktualisierung gegeben.

3. WISSENSCHAFTSGESCHICHTE. Das Stück beschäftigt sich mit großen Entdeckungen und gedanklichen Umwälzungen am Beginn der Neuzeit, mit der Geburt jenes Wissenschaftsverständnisses, in dessen Banne die heutige Wissenschaft steht.

4. Ungeminderte AKTUALITÄT. Die gesellschaftliche Bedeutung von Wissenschaft und Technik im ausgehenden 20. Jahrhundert lässt die Problemstellung des Stückes immer wieder neu bedenkenswert werden, ja man könnte vielleicht sagen, dass das Verhältnis von Wissenschaft und menschlichem Fortschritt das Thema unserer Zeit ist.

5. Umfangreiche MATERIALLAGE. Brecht selbst hat sich immer wieder, z. T. recht ausführlich zu Aussage- und Wirkungsabsicht seines Werkes geäußert, er hat den Veränderungsprozess des „Galilei" ausführlich dokumentiert, so dass sich aus der reichhaltigen Materiallage ein Kaleidoskop von Interpretationsmöglichkeiten und kreativen Gestaltungsansätzen ergibt.

6. VERGLEICHEN lohnt sich immer. Besonders anregend ist der Umstand, dass mit Dürrenmatts „Physikern" und Kipphardts „In der Sache J. Robert Oppenheimer" zwei Theaterstücke entstanden sind, die dieselbe Thematik auf recht unterschiedliche Weise bearbeiten und so ein äußerst facetten- und kontrastreiches Bild der künstlerischen Auseinandersetzung ermöglichen.

7. Schließlich ist der Umstand, dass es sich überhaupt um ein Theaterstück handelt, für handlungsorientierten Literaturunterricht sehr günstig, lassen sich doch immer wieder Anlässe finden bzw. schaffen, auf andere, sinnlichere Weise die Welt des Galilei (und vielleicht die eigene) zu begreifen.

Wovon es handelt und was es zu lernen gibt

„Leben des Galilei" ist eine dramatisierte Chronik, ein historischer Bilderbogen aus dem Jahrhundert des wissenschaftlichen Umbruchs. „Leben des Galilei" ist auch ein Parabelstück, denn dessen Geschichte wird so „erzählt" - Brecht würde sicher sagen: gezeigt -, dass sie als Modellfall für ein Grundproblem des 20. Jahrhunderts erkennbar wird. Diesem Ziel dienen die dramaturgischen Effekte des Brechtschen Theaters. Der Protagonist soll vom Zuschauer nicht als Held erlebt werden, Regungen von Mitleid oder sonstige Anteilnahmen dürfen den Beobachter nicht in seiner Haltung beeinträchtigen und am Schluss wird von ihm erwartet, dass er um die Erkenntnis komplizierter gesellschaftlicher und geschichtlicher Zusammenhänge bereichert das Theater verlässt. Der solchermaßen erkennende Zuschauer empfindet diesen Vorgang als Vergnügen! Das ist die Theorie. Wir werden darauf zurückkommen.
Thematisch geht es im „Leben des Galilei" um das Verhältnis von Wissen und Macht in „finsterer Zeit": Wie soll der um die Wahrheit Wissende sich verhalten, wenn die Herrschenden mittels Unwahrheiten regieren. Daraus folgt schließlich die Frage, welchen Werten der Wissende, das ist im „Galilei" der Wissenschaftler, sich verpflichtet fühlen muss.

Das sind weitgehende Fragestellungen und dementsprechend vielschichtig ist das, was in der Behandlung des Stückes gelernt, erfahren oder erlebt werden kann.

1. Lernzielkomplex: Historisches
   - Es gibt etwas zu lernen über das Leben des genialen Physikers Galileo Galilei in Zeiten großer Veränderungen,
   - über deutsche Geschichte im 20. Jahrhundert,
   - über die Lebens- und Arbeitsumstände des Dichters Bertolt Brecht im Exil und danach,
   - über die politischen Wirkungsabsichten und Inszenierungs-Techniken des Stückeschreibers Brecht zur Belehrung und Unterhaltung seines Publikums.

2. Lernzielkomplex: Wissenschaft und Moral
   - Was darf als „Wahrheit" angesehen werden: Beobachtete Naturerscheinungen („Fakten"), bewiesene Behauptungen („Hypothesen"), Aussagen über den Zusammenhang beobachteter oder auch geglaubter Naturerscheinungen („Welt-Modelle"), der Sinn des Daseins („Glaubenstatsachen"), die Heilige Schrift („Wort Gottes") ... ?
   - Sind aus dem Wissen um die Wahrheit moralische Verpflichtungen herzuleiten, z.B. die Pflicht zur Verbreitung der Wahrheit, die Pflicht zu politischem Widerstand und Heldentum?
   - Und schließlich: Was ist zur gegebenen Zeit und in der jeweiligen Situation das „Vernünftige"?.

3. Lernzielkomplex: Analytische und sprachliche Fertigkeiten
   - Strukturieren von komplizierten Handlungszusammenhängen
   - Charakterisieren von vielschichtigen Persönlichkeiten
   - Analysieren und Erörtern von Argumentationen
   - Kreatives Nach- und Ausgestalten von Szenen-Abläufen
   - Eigene schöpferische Textproduktion

Zum Aufbau dieser Materialien:

A. Am Anfang dieses Buches stehen die Einführungen zur Entstehungsgeschichte des Werkes und den Wirkungsabsichten Brechts, danach folgen erste Vorschläge für Unterrichtseinstiege und lektürevorbereitende Arbeitsaufträge.

B. Inhaltsangaben führen in jedes der 15 Bilder ein und richten die Aufmerksamkeit auf das thematische Zentrum und mögliche, ergiebige Aspekte der Interpretation (wiederkehrende Motive, Bezüge zu anderen Bildern etc.).
Dem folgt eine Reihe von Arbeitsaufträgen, welche sich aus dem jeweiligen Bild ergeben. Dabei habe ich versucht, mehrere Unterrichtsformen und Schwierigkeitsgrade zu berücksichtigen, so dass je nach eigener Schwerpunktsetzung ausgewählt werden kann. Den Arbeitsaufträgen folgen in den meisten Fällen Lösungshinweise bzw. Erwartungshorizonte und/oder Tafelanschriebe.

Zu diesen Arbeitsaufträgen gehören:

- Beschaffung und Aufbereitung von Basis-Informationen im Vorfeld der Lektüre (Einzel- und Gruppenreferate)
- Detaillierte Textbetrachtungen mit entsprechenden Lese- und Markierungsanweisungen, die dann im Klassengespräch vom Lehrer zu einem Tafelanschrieb weiterverarbeitet werden
- Analysen von Szenenausschnitten im Hinblick auf Motivik, Argumentation oder Figurenkonstellation
- Gruppenarbeitsanweisungen mit dem Ziel der gemeinsamen Erarbeitung und Präsentation in der Unterrichtsstunde
- Inszenierungsversuche: Stellproben, Tableaus, Sprechübungen
- Schreibanlässe kreativer Art: Hierfür bieten sich besonders außenstehende, beobachtende Figuren an, eventuell auch Nebenfiguren, welche in inneren Monologen, in Tagebucheinträgen, Briefen oder im klärenden Gespräch mit Unbeteiligten das Verhalten der Protagonisten reflektieren. Solche Schreibanlässe erscheinen zwar zunächst sehr frei und unverbindlich, setzen aber immer eine genaue Beschäftigung mit Figuren und deren Handlungsmotivationen voraus. Des weiteren kann diese Art von Rollenprosa Gesprächsanlässe, Mini-Dramen und Sprachkunstwerke initiieren, welche sonst über der täglichen Analysearbeit keinen Spiel-Raum finden.
- Am Ende vieler Bilder werden Zusatzinformationen zum freien Gebrauch angeboten, ebenso wie gelegentliche Anmerkungen zum möglichen Fortgang der Unterrichtseinheit.

C. MATERIALIENTEIL: Zur Vertiefung in die Problemstellungen und zur gezielten Horizonterweiterung werden schließlich vielfältige und recht unterschiedliche Materialien zusammen- und der situationsbedingten Benutzung anheimgestellt.

Das Prinzip Werkzeugkasten

Auf detaillierte didaktisch-methodische Abfolgevorschläge wird bewusst verzichtet, dazu sind die Einsatzbereiche - von Klasse 10 Realschule bis Klasse 13 Gymnasium - und die jeweiligen inhaltlichen Zielsetzungen doch zu unterschiedlich. Ich kann mir darüber hinaus auch gut vorstellen, dass das „Leben des Galilei" im Ethik- oder gar Religionsunterricht einen sinnvollen Platz findet. Dann wird der Materialienteil sowieso wichtiger als der literaturdidaktische.

Darum der Werkzeugkasten-Charakter dieser Unterrichtshilfen: Sie, als Deutsch-, Ethik- oder Religionslehrerin in Realschule oder Gymnasium möchten ein bestimmtes Unterrichtsziel erreichen und hierfür suchen Sie sich das geeignete Werkzeug, die für Sie passenden Motivations-Hebel, Unterrichts-Er-Öffner und Werk-Stoffe heraus und bauen damit ein Fenster in die Welt hinaus: Zum besseren Durchblicken und Durchschauen derselben.

☞

Einen grafischen Überblick über alle möglichen Unterrichtsbausteine zu unserem Thema liefert die folgende Grafik. Sie zeigt die Kompliziertheit unseres Unterfangens und sie macht deutlich, wie wichtig es ist, Schwerpunkte zu setzen, mit Bedacht auszuwählen und - mit dem Mut zur Lücke - auch Aspekte einfach wegzulassen.

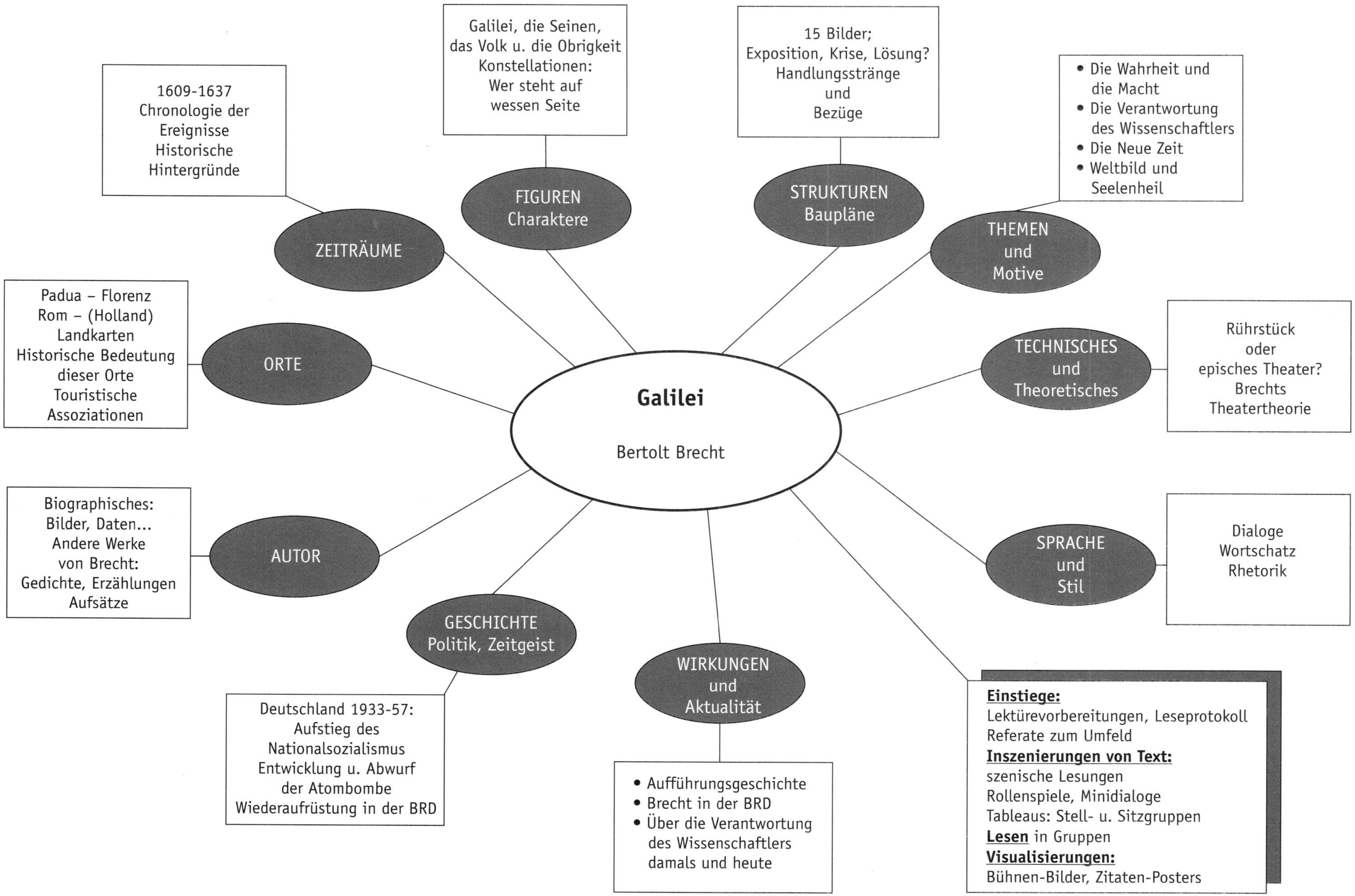
Galilei
Bertolt Brecht
ZEITRÄUME
1609-1637
Chronologie der
Ereignisse
Historische
Hintergründe
FIGUREN
Charaktere
Galilei, die Seinen,
das Volk u. die Obrigkeit
Konstellationen:
Wer steht auf
wessen Seite
STRUKTUREN
Baupläne
15 Bilder;
Exposition, Krise, Lösung?
Handlungsstränge
und
Bezüge
THEMEN
und
Motive
• Die Wahrheit und die Macht
• Die Verantwortung des Wissenschaftlers
• Die Neue Zeit
• Weltbild und Seelenheil
TECHNISCHES
und
Theoretisches
Rührstück
oder
episches Theater?
Brechts
Theatertheorie
SPRACHE
und
Stil
Dialoge
Wortschatz
Rhetorik
ORTE
Padua – Florenz
Rom – (Holland)
Landkarten
Historische Bedeutung
dieser Orte
Touristische
Assoziationen
AUTOR
Biographisches:
Bilder, Daten...
Andere Werke
von Brecht:
Gedichte, Erzählungen
Aufsätze
GESCHICHTE
Politik, Zeitgeist
Deutschland 1933-57:
Aufstieg des
Nationalsozialismus
Entwicklung u. Abwurf
der Atombombe
Wiederaufrüstung in der BRD
WIRKUNGEN
und
Aktualität
• Aufführungsgeschichte
• Brecht in der BRD
• Über die Verantwortung des Wissenschaftlers damals und heute
Einstiege:
Lektürevorbereitungen, Leseprotokoll
Referate zum Umfeld
Inszenierungen von Text:
szenische Lesungen
Rollenspiele, Minidialoge
Tableaus: Stell- u. Sitzgruppen
Lesen in Gruppen
Visualisierungen:
Bühnen-Bilder, Zitaten-Posters

Zur Entstehungsgeschichte – Fassungen und thematische Schwerpunkte –

1. Fassung (Dänemark)

Am 23. November 1938 schrieb Brecht in sein Arbeitsjournal: „DAS LEBEN DES GALILEI abgeschlossen. Brauchte dazu drei Wochen." (Hecht S.35) Dies war wenige Wochen vor der Entdeckung der Kernspaltung durch das Forscherteam Otto Hahn, Lisa Meitner und Fritz Straßmann. Man könnte also sagen, dass die Geburt des Atomzeitalters mit der Fertigstellung der ersten Fassung des „Galilei" zusammenfällt. Das wäre aber, was den thematischen Schwerpunkt dieses ersten Entwurfes betrifft, noch nicht sehr zutreffend, denn es ging Brecht zu diesem Zeitpunkt um eine andere Frage: Wie kann die Wahrheit, genauer: der um die Wahrheit Wissende überleben in finsterer Zeit?

Brecht befand sich seit 1933 im Exil und lebte mit seiner Familie im dänischen Skovbostrand. Von dort aus musste er beobachten, wie der Nationalsozialismus seine Macht ungehindert entfalten konnte. Im März 1938 wurde Österreich in das Reich „heimgeholt", im Oktober kam das Sudetenland dazu, im November konnte die Reichskristallnacht ohne nennenswerte Gegenwehr der Bevölkerung durchgezogen werden. Gegen Hitler und seine Helfershelfer schien sich kein erkennbarer Widerstand mehr zu rühren. Für oppositionelle Intellektuelle wie Brecht stellte sich die Frage: Wie soll sich angesichts einer gewaltigen Propaganda-Maschinerie und der systematischen Ausschaltung aller Opposition der um die Wahrheit Wissende verhalten?
Die folgende, später zur Keuner-Geschichte „Maßnahmen gegen die Gewalt" umgeschriebene Parabel findet sich in Szene 8 der dänischen Fassung des „Galilei" (später Bild 9). Sie zeigt deutlich die Problematik und enthält, wie könnte es bei Brecht auch anders sein, den Widerspruch gleich mit eingebaut:

GALILEI (mit der Waage arbeitend): „Ich erinnere mich einer kleinen Geschichte. In die Wohnung des kretischen Philosophen Keunos, der wegen seiner freiheitlichen Gesinnung bei den Kretern sehr beliebt war, kam eines Tages während der Gewaltherrschaft ein gewisser Agent, der einen Schein vorzeigte, der von denen ausgestellt war, welche die Stadt beherrschten. Darauf stand, ihm sollte jede Wohnung gehören, in die er seinen Fuß setzte; ebenso sollte ihm auch jedes Essen gehören, das er verlangte; ebenso sollte ihm auch jeder Mann dienen, den er sähe. Der Agent setzte sich auf einen Stuhl, verlangte Essen, wusch sich, legte sich nieder und fragte, mit dem Gesicht zur Wand, vor dem Einschlafen: wirst du mir dienen? Keunos deckte ihn mit einer Decke zu, vertrieb die Fliegen, bewachte seinen Schlaf, und wie an diesem Tage gehorchte er ihm sieben Jahre lang. Aber was immer er für ihn tat: vor einem hütete er sich wohl: auch nur ein Wort zu sagen. Als nun die sieben Jahre um waren und der Agent dick geworden war vom vielen Essen, Schlafen und Befehlen, starb der Agent. Da wickelte ihn Keunos in die verdorbene Decke, schleppte ihn aus dem Haus, wusch das Lager, tünchte die Wände, atmete auf und antwortete: nein."
Die Schüler lachen. Nur Andrea schüttelt den Kopf.
ANDREA. Mir gefällt die Geschichte nicht, Herr Galilei."
(Große kommentierte Berliner und Frankfurter Ausgabe, Stücke 5, S.72/73)

Die Rettung von Wahrheit und Vernunft gegen Lüge und Propaganda beschäftigte Brecht in Reden, Aufsätzen und Flugschriften. Ein Text, der 1935 veröffentlicht und dann als Sonderdruck zur illegalen Verbreitung nach Deutschland eingeschleust wurde, trägt den Titel: „Fünf Schwierigkeiten beim Schreiben der Wahrheit" und entwirft Listen zur Verbreitung der Wahrheit. Darunter auch diese:

„Die Vorkämpfer der Wahrheit können sich Kampfplätze auswählen, die verhältnismäßig unbeobachtet sind. Alles kommt darauf an, daß ein richtiges Denken gelehrt wird, ein Denken, das alle Dinge und Vorgänge nach ihrer vergänglichen und veränderbaren Seite fragt. Die Herrschenden haben eine große Abneigung gegen starke Veränderungen. Sie möchten, daß alles so bleibt, am liebsten tausend Jahre. (...) Eine Betrachtungsweise, die das Vergängliche besonders hervorhebt, ist ein gutes Mittel, die Unterdrückten zu ermutigen. Auch, daß in jedem Ding und in jedem Zustand ein Widerspruch sich meldet und wächst, ist etwas, was den Siegern entgegengehalten werden muß. Eine solche Betrachtungsweise (wie der Dialektik, der Lehre vom Fluß der Dinge) kann bei der Untersuchung von Gegenständen eingeübt werden, welche den Herrschenden eine Zeit lang entgehen. Man kann sie in der Biologie oder Chemie anwenden. Aber auch bei der Schilderung der Schicksale einer Familie kann sie eingeübt werden, ohne allzuviel Aufsehen zu erwecken. Die Abhängigkeit jedes Dings von vielen anderen, sich ständig ändernden, ist ein den Diktaturen gefährlicher Gedanke, und er kann in vielerlei Arten auftreten, ohne der Polizei eine Handhabe zu bieten."
(Jubiläumsausgabe Bd.6 S.184)

Der historische Fall Galilei erschien Brecht unter diesen Voraussetzungen sehr geeignet. Es handelte sich dabei um einen durch die historische Distanz entlegenen Stoff, der aber das Denken in Widersprüchen lehren und die Veränderbarkeit von scheinbar unumstößlichen Ordnungen demonstrieren konnte. Schließlich bot er ganz konkret die Möglichkeit, die Problematik des Widerstehens oder Nachgebens exemplarisch vorzuführen: Soll der Wissende sich um der Wahrheit willen in Gefahr bringen oder sich für günstigere Zeiten bedeckt halten?
Auch für die Erkenntnis der Widersprüchlichkeit und Vergänglichkeit aller Verhältnisse, also für Brechts Idee der Dialektik, schien sich die Figur des Galilei hervorragend zu eignen. Und so gestaltete Brecht den dänischen Galilei bereits in seiner Widersprüchlichkeit: Als Widerstandskämpfer, der der Wahrheit zum Überleben hilft, und als schwachen Menschen, der an entscheidender Stelle versagt.
Allerdings ist die letzte Szene dieser Fassung in einem Punkt anders als die spätere: Im Bild 14 verurteilt Galilei seinen Widerruf in sehr bewegten Worten und empfindet Scham und Reue über seinen Verrat. Dabei sind Virginia und der Aufpasser-Mönch noch im Raum. Dann jedoch, in deren Abwesenheit, händigt er Andrea das Manuskript der „Discorsi" aus, wodurch der Eindruck einer grandiosen List zurückbleibt.

So sahen es auch die Zuschauer der ersten Aufführung des „Galilei", welche im September 1943 im Schauspielhaus in Zürich zustande kam. In den Augen der Theaterkritik geht Galilei durch die Überreichung der Discorsi doch noch als Sieger aus dem Kampf mit der Kirche hervor, was Brecht zu diesem Zeitpunkt schon nicht mehr gefallen konnte, denn in der Zwischenzeit hatte sich Entscheidendes geändert: Es tobte ein Weltkrieg und die ehemals freie Wissenschaft hatte sich zur Kriegswissenschaft gewandelt.

In der ersten, dänischen Fassung, liegt der spätere Handlungsaufbau in 15 Bildern bereits weitgehend fest. Brecht hatte umfangreiche historische und wissenschaftsgeschichtliche Studien betrieben, stand auch in Verbindung mit Mitarbeitern von Nils Bohr in Kopenhagen, dem damals führenden dänischen Kern-Physiker, und hielt sich in der Schilderung von Galileis Leben eng an die historischen Begebenheiten. Das Urteil des päpstlichen Astronomen, Pater Clavius, das schon 1611 erfolgte, verlegte Brecht jedoch in das Jahr 1616: Dadurch werden die Bestätigung von Galileis Entdekkungen durch Clavius (Bild 6) und die Indizierung der Lehre des Kopernikus durch die Inquisition (Bild 7) unmittelbar miteinander kontrastiert. Der historische Galilei hatte die Arbeit an den Sonnenflecken schon früher aufgenommen als in Brechts Stück, die unglückliche Rolle, die seine Tochter Virginia in dem Stück spielt, ist frei erfunden. Der Zweck dieser Erfindung dürfte ein interessanter und ergiebiger Gesprächsstoff in der Klasse sein.

☞ (vgl. hierzu das Kapitel „Vater, Zieh-Sohn und natürliche Tochter" im Materialienteil)

2. Fassung (Kalifornien)

Am 6. April 1944 heißt es in Brechts Arbeitsjournal:
„Jed Harris, der Regisseur-Produzent, der Thornton Wilders „Our Town" sehr gut aufgeführt hat, interessiert sich für den ‚Galilei'. So prüfte ich die Moral noch einmal nach, die mich immer leise beunruhigt hat; gerade weil ich hier der Geschichte zu folgen versuchte und keine moralischen Interessen hatte, ergibt sich eine Moral und ich bin nicht glücklich damit. Galilei kann dem Aussprechen der Wahrheit so wenig widerstehen wie dem Verschlingen eines lockenden Gerichts, es ist ihm ein sinnlicher Genuss. Und er baut seine Persönlichkeit so leidenschaftlich und so weise auf wie sein Weltbild. Eigentlich fällt er zweimal. Das erst Mal wenn er der Lebensgefahr wegen die Wahrheit verschweigt oder widerruft; das zweite Mal wenn er sie trotz der Lebensgefahr wieder sucht und verbreitet. Seine Produktion zerstört ihn." (Hecht S. 37)

Brecht lebt seit 1941 in Santa Monica, Kalifornien, in der Nähe von Hollywood, wo er mit mäßigem Erfolg versucht in der Filmindustrie einen Lebensunterhalt zu verdienen. Dort lernt er auch den englischen Schauspieler Charles Laughton kennen, mit dem er den „Galilei" Satz für Satz ins Englische übersetzt. Laughton konnte kein Deutsch, Brecht nicht sehr gut Englisch, entscheidend war die szenische Gestaltung der Hauptfigur durch Laughton. Dieser war von der verbrecherischen Dimension in der Figur Galileis fasziniert. Die Folge:
„Häufig führte die aus ästhetischen Gründen vorgenommene Änderung zu einer politischen Verschärfung und Laughton war jedesmal zufrieden damit." (Hecht S. 41).
Die Discorsi-Szene wurde dahingehend verändert, dass die Selbstverurteilung Galileis **nach** der Überreichung der Discorsi erfolgt, wodurch die Discorsi **nicht** mehr als Rechtfertigung seines Verhaltens, sozusagen als strategische List, verstanden werden können.
Die Intention der Autoren ist nun die Entlarvung der Galilei-Legende vor dem Hintergrund der jüngsten Ereignisse: Der Atombombenabwürfe in Japan am 6. und 8. August 1945:

„Das ‚atomarische Zeitalter' machte sein Debüt in Hiroshima in der Mitte unserer Arbeit. Von heute auf morgen las sich die Biographie des Begründers der neuen Physik anders: Der infernalische Effekt der Großen Bombe stellte den Konflikt des Galilei mit der Obrigkeit seiner Zeit in ein neues, schärferes Licht. Wir hatten nur wenige Änderungen zu machen, keine einzige in der Struktur. Schon im Original war die Kirche als weltliche Obrigkeit dargestellt, ihre Ideologie als im Grund austauschbar mit mancher anderen." (aus: Anmerkungen zur amerikanischen Fassung, zit. nach Hecht S.55)

Der Fall Galilei musste für Brecht nun als Sündenfall der Wissenschaft gelesen werden, der in letzter Konsequenz zur Atombombe führte. Hier wie dort hatten Wissenschaftler zwar die Welt um neue Erkenntnisse bereichert, aber ihre soziale Verantwortung nicht wahrgenommen.

Die amerikanische Fassung wurde in einem Privattheater in Beverly Hills 17 mal aufgeführt und in New York sechsmal (Juli und Dez. 1947). Vor allem bei den Aufführungen in Hollywood, zu denen auch Gäste wie Charlie Chaplin, Ingrid Bergmann und Anthony Quinn erschienen, war die Resonanz durchaus beachtenswert und wohlwollend. Der bereits nach Deutschland zurückgekehrte Brecht ließ von einer der Aufführungen einen Zeitraffer-Film drehen, um die Inszenierungsideen für eventuelle spätere Aufführungen festzuhalten.

3. Fassung (Berlin)

Diese Gelegenheit bot sich sieben Jahre später.
„Für den ‚Galilei'-Film müssen wir eine ältere Projektionsmaschine besorgen, sonst hüpft er wie die alten Chaplin-Filme, und er ist so wichtig." (Brief an Ruth Berlau vom 14.12.1955, Hecht S.46)
In den Jahren 1953/4 wandte sich Brecht als Leiter des Berliner Ensembles in Ost-Berlin wieder dem Stück zu und gab seinen Mitarbeitern Elisabeth Hauptmann und Benno Besson eine deutschsprachige Bühnenfassung in Auftrag, die dann von ihm noch überarbeitet wurde. Deren Veröffentlichung erfolgte1955 und ist weitgehend identisch mit der heutigen Druckfassung. Das 15. Bild, auf welches die amerikanische Fassung verzichtet hatte, wurde wieder hinzugefügt

Inzwischen lebte man im „Kalten Krieg", die Angst vor dem Atomkrieg durch das Ende des US-amerikanischen Atombomben-Monopols und die Entwicklung der Wasserstoff-Bombe erfüllte die Menschen mit großen Ängsten vor einem dritten Weltkrieg. Gegen den Leiter des amerikanischen Atomprojektes in Los Alamos, Robert J. Oppenheimer, war eine Verfahren angestrengt worden, man warf ihm Sympathie mit dem Kommunismus vor und enthob ihn schließlich seiner Funktionen. Andere, durch und durch loyale und weniger skrupulöse Wissenschaftler übernahmen die Arbeit an diesen Programmen.
Die Frage der sozialen Verantwortung des Wissenschaftlers stand damit weiterhin im Zentrum des „Galilei" und es gab keinen Grund entscheidende Veränderungen vorzunehmen. In Bild 14 wurde ein Passus eingefügt, der so etwas wie einen „hippokratischen Eid für Wissenschaftler" verlangt. Ohne einen solchen seien die Wissenschaftler nur ein „Geschlecht erfinderischer Zwerge, die für alles gemietet werden können."(S.126)
(vgl. hierzu das Kapitel „Über die alte, die neue und die ganz neue Wissenschaft" im Materialienteil)

In den ausgedehnten Proben mit dem neuen Galilei-Darsteller Ernst Busch, - „kein Genußmensch wie Laughton", sondern ein „norddeutscher Arbeiter" (Hanns Eisler, Hecht S.127) - arbeitet Brecht intensiv an der Widersprüchlichkeit von Galileis Charakter, deren Unaufgelöstheit ihm wichtig ist. Erich Engel, der nach Brechts Tod die Arbeit am Ost-Berliner „Galilei" weiterführte, formuliert den Kernpunkt Brechtscher Dramatik so:

„Brecht ist einer der ganz wenigen Dramatiker, die Scharfsinn und Mut genug haben, die Realität der Gegensätze und ihren Charakter zu erkennen. Und da seine Arbeiten der Widersprüchlichkeit auf den Grund gehen wollen, ist eben der Widerspruch sein zentrales Thema. Das geht bis in kleine Nebenzüge hinein." (Hecht S.125)

Eine erste Aufführung fand allerdings im Kölner Schauspielhaus im April 1955 statt, die von Brecht angestrebte Aufführung des Berliner Ensembles folgte erst im Januar 1957 und bildete den Beginn einer langen Reihe von erfolgreichen Aufführungen des Stückes in Ost und West.

Was ist episches Theater? (I)
– Erlaubte Einfühlung und erwünschte Distanz –

Bertolt Brecht war, kaum hatte er die dänische Fassung fertiggestellt, mit seinem Stück nicht zufrieden. In seinem Arbeitsjournal vermerkt er am 25. Februar 1939: „... LEBEN DES GALILEI ist technisch ein großer Rückschritt, ... allzu opportunistisch. Man müßte das Stück vollständig neu schreiben, wenn man diese „Brise, die von neuen Küsten kommt", diese rosige Morgenröte der Wissenschaft, haben will. Alles mehr indirekt, ohne die Interieurs, die „Atmosphäre", die Einfühlung ..." (Hecht S.35)

Gleiches schrieb er schon am 23. November1938: „Schwierigkeiten bereitete die letzte Szene. Ähnlich wie in der JOHANNA brauchte ich am Schluß einen Kunstgriff, um auf jeden Fall dem Zuschauer den nötigen Abstand zu sichern, selbst der unbedenklich sich Einfühlende muß zumindest jetzt, auf dem Weg der Einfühlung selber in den Galilei, den V-Effekt verspüren. Bei streng epischer Darstellung kommt eine Einfühlung erlaubter Art zustande." (Hecht a.a.O.)

Tatsächlich folgt der „Galilei" eher einer herkömmlichen Dramaturgie. Bis auf die ansagenden Tafeln zu Beginn jeder Szene und die etwas bizarre Eisler-Musik scheint nicht viel auf den formalen Einsatz von Verfremdungs-Effekten hinzudeuten, so wie Brecht sie aus dem alten chinesischen Theater in sein eigenes zu transportieren versuchte: Diverse Formen der Handlungs-Unterbrechung, Störung der Bühnen-Illusion, Neutralisierung von traditionellen Spannungselementen oder das Neben-sich-Treten des Schauspielers. Das „Leben des Galilei" ist eine weitgehend den historischen Ereignissen folgende Chronik, die dramatisierte Erzählung eines bemerkenswerten Lebens in exemplarischen Ausschnitten. Brecht hatte sich wohl einfach der Faszination des Stoffes ergeben, noch 1945 meint Brecht, er habe „das Stück ohne jede Absicht, etwas zu beweisen, geschrieben". (Hecht S.39)

Warum aber - wenn er es für technisch rückständig hielt - hat Brecht dann in der neuen, der amerikanischen Fassung gerade in formaler Hinsicht weiterhin nichts geändert? Keine direkten Publikumsanreden oder gar Lied-Einlagen? Man stelle sich vor: Galilei singt einen Song? Wenn die Mutter Courage, der gewiss nicht nach Singen zumute war, das kann, warum nicht auch Galilei?

1. Der Stoff des „Galilei“ ist ein geschichtlicher, der zwar mannigfaltige Gegenwartsbezüge erlaubt, aber nicht beliebig - im Sinne eines Handlungs-Modells oder einer Parabel - verändert werden kann. Ein erfundener Stoff eignet sich hierfür wesentlich besser als ein gefundener.

2. Der Stoff, als geschichtlicher, ist selbst schon ein fremder, denn er spielt zunächst in einer fernen Vergangenheit. Brecht hat immer wieder als den Hauptzweck des V-Effektes die „Historisierung der darzustellenden Vorgänge“ hervorgehoben. Dadurch könne menschliches Verhalten als veränderlich und der Mensch als abhängig von ökonomisch-politischen Verhältnissen gezeigt werden. Die sozialen Gesetze, unter denen die Menschen stehen, sollen sichtbar gemacht und in ihrer Veränderbarkeit erkannt werden. Soweit Brechts theoretischen Überlegungen zum Zweck der Verfremdung. Insofern jedoch der „Galilei“-Stoff durch historische Distanz geprägt ist, stellt sich dem Stückeschreiber eine andere Aufgabe: Der Zuschauer benötigt zum besseren Betrachten und Erkennen der Lebensproblematik nicht deren Historisierung, sondern deren Aktualisierung.
Auch in Deutschland war der Beginn einer Neuen Zeit verkündet worden, einer Zeit die tausend Jahre dauern sollte, aber neben den lauten Ankündigungen schon alle Zeichen der Barbarei an sich trug. Auch Galileis Bemerkungen über Deutschland in der letzten Szene weisen deutlich in die Gegenwart hinein.

3. Verfremdung ist im Galilei nicht technisch, sondern inhaltlich, nämlich durch die Gestaltung der Hauptfigur, bewerkstelligt. Galilei wird dem Zuschauer „fremd“ gemacht, damit dieser ihm nicht aus Sympathie und Mitleid verzeihen möge oder gar in seinem Verhalten Recht geben könnte. Darin dürfte dann auch wohl der „Kunstgriff“ im letzten Bild bestanden haben, von welchem Brecht in seinem Arbeitsjournal 1938 spricht: Galileis schonungslose Selbstverurteilung entfremdet den Protagonisten dem Zuschauer, wodurch diesem das Durchhalten einer beobachtenden und urteilenden Haltung ermöglicht werden soll.
Brecht wünschte vom Zuschauer genau jenen „fremden“ Blick auf das Gegebene, mit welchem Galilei als Wissenschaftler die Naturerscheinungen betrachtete: Galileis Blick enthält den Zweifel über das allzu Selbstverständliche, im Blick des Zuschauers auf den zweifelhaften Helden Galilei soll dessen Verhalten fragwürdig werden.
(vgl. §44 des „Kleinen Organon für das Theater“ im Materialienteil)

Im letzten Bild der dänischen Fassung erfolgte jedoch die Übergabe der Discorsi erst nach Galileis Selbstanklage, wodurch deren Schärfe neutralisiert wurde, ja sogar als List Galileis verstanden werden konnte. So scheinen es auch Rezensenten der ersten Schweizer Aufführung Ende 1943 gesehen zu haben, was Brecht in seinem Arbeitsjournal so kommentiert: „Nun höre ich mit Unwillen, daß er öffentlich widerrufen hat, um insgeheim seine Arbeit fortsetzen zu können. Das ist zu flach und zu billig.“ (Hecht, S.37) Im gleichen Eintrag gesteht sich Brecht aber ein, dass ihn die Moral in diesem Stück immer leise beunruhigt hatte.
Zum Glück für Brecht tritt an dieser Stelle der britische Schauspieler Charles Laughton in sein Leben und verhilft ihm zur radikalen Umgestaltung der Galilei-Figur und damit auch zur Realisierung seiner eigenen theoretischen Ansprüche:
„10.10.45 - getrieben von seinem theatralischen Instinkt arbeitet LAUGHTON im GALILEI auch die politischen Elemente ruhelos heraus. Die neue ‚Ludovico-Linie‘ habe ich auf sein Betreiben etabliert, ebenso ist es mit den Umstellungen in der letzten Galilei-Szene (Ablieferung des Buchs zuerst, dann Belehrung, daß das Buch nichts ändern

darf an der sozialen Verurteilung des Verfassers). Laughton ist völlig bereit, seine Figur vor die Wölfe zu werfen. Er hat eine Art von Luzifer im Kopf, bei dem die Selbstverachtung in einen leeren Stolz übergegangen ist, - Stolz auf die Größe seines Verbrechens usw. Er besteht auf die volle Darstellung der Verkommenheit, resultierend aus dem Verbrechen, das Galileis negative Züge zur Entfaltung gebracht hat. Erhalten bleibt nur das exzellente Gehirn, das leer funktioniert, unhaltbar durch den Besitzer, der sich sinken lassen möchte.“ (Hecht S. 40)

Dadurch wird die Figur des Galilei stärker als zuvor zu einem Gegenstand des Staunens und Wunderns. Sein fragwürdiges Verhalten, sein maßloser und liebloser Lebenswandel ist an sich schon eine Verfremdung, die dem Zuschauer die Haltung eines distanzierten Betrachters nahelegt. Nun wird aber aus dem fragwürdigen Menschen in der amerikanischen Fassung der soziale Verbrecher, dessen Verrat an den Hoffnungen des Volkes durch das Verfassen eines wissenschaftlichen Buches nicht aufgewogen oder gerechtfertigt werden kann. So zumindest wollten es der Schauspieler und sein Stückeschreiber gesehen wissen und Brecht wird in seinen Notaten und Anmerkungen nicht müde, diesem kalifornischen Galilei den Stempel des Verräters aufzudrücken (Hecht S. 72)

Der Erfolg dieses Verfremdungs-Konzeptes hängt dann folgerichtig von der Leistung des Galilei-Darstellers zum einen und zum anderen von der Fähigkeit des Zuschauers ab, sich als Lernender zu verhalten.
Brecht hat in der Tat ungeheuer viel Energie in die Arbeit mit seinen Galilei-Darstellern investiert, sei es mit Laughton in den USA oder später in Berlin mit Ernst Busch. Er hat des weiteren eine Vielzahl von Anmerkungen und Notaten speziell zum Gestus des Zeigens im Galilei verfasst.
Doch unglücklicherweise scheint das Publikum den Anforderungen Brechts und Laughtons nicht gerecht geworden zu sein. Oder war es nur die Presse? Brecht fasst dies so zusammen:

„22.12.1947 - die New Yorker Presse beschwert sich übellaunig über die Zumutung, über den GALILEI nachzudenken, da sie ihr auch nicht entsprechen kann. Das Bürgertum ist überhaupt nicht mehr zu diesem allgemeinen, unspezialisierten Denken bereit, das Stücke verlangen, die sich mit ihm beschäftigen“. (Hecht S. 42)
Und knapp drei Monate später trägt er in sein Arbeitsjournal ein:
„die New Yorker Presse scheint am GALILEO genau das zu vermissen, was schon Laughtons katholischer Freund vermißt hat: die mitfühlbare Agonie des Wissenschaftlers, der dem Zwang ausgesetzt wird. Nun ist zwar das schlechte Gewissen des Galilei im Stück in der gehörigen Proportion gezeigt, das ist aber der Bourgoisie nicht annähernd genug: Zur Herrschaft gekommen, wünscht sie die höheren seelischen Regungen derer, die sie zwingt, gegen ihr Gewissen zu handeln, zur Verschönerung des Gesamtbilds ihrer Welt überlebensgroß ausgestellt zu sehen.“ (Hecht, a.a.O.)

Diese Brechtschen Notizen zeugen von Gekränktsein. Bedenkt man die umfangreichen Vorarbeiten und die große Begeisterung Brechts über die neue Galilei-Laughton-Gestalt, bedenkt man auch die großen Hoffnungen, die ein ambitionierter Theater-Schriftsteller im Exil an die wenigen Gelegenheiten zu Aufführungen heranträgt, so ist diese Enttäuschung sehr wohl nachvollziehbar. Dennoch haben diese Reaktionen etwas Zirkuläres: Wenn das Publikum über seinen Galilei nicht in der richtigen Weise nachdenkt, dann ist es das falsche Publikum, eben ein bourgoises, ein un-erzogenes. Sollte aber nicht der Zuschauer zu einer Haltung des Nachdenkens erzogen werden? Und muss dann nicht auch die Ausgangs- und Bedürfnislage des Zuschauers akzeptiert werden?

Brecht hat dies wohl auch gewusst und seinen Galilei für die Berliner Bühne nicht mehr entscheidend verändert. Wohl aber hat er mit seinen Darstellern und Bühnenbildnern sehr intensiv am Stück gearbeitet, mehr als seine Gesundheit zuließ.
Am 17.5. 1956 schreibt er an Bruno Henschel: „Meine Erkrankung hat mich gezwungen, die Inszenierung von „Leben des Galilei“ zu unterbrechen. Ich kann sie erst im Herbst wieder aufnehmen.“(Hecht s.47)
Am 14. August desselben Jahres starb er. Die Regie-Arbeit wurde von Erich Engel weitergeführt, welcher sich mit Brecht gerade über die Frage der Sympathie oder Antipathie der Galilei-Figur in ständiger Diskussion befunden haben muss, wie folgende abschließende Briefstelle bezeugt:
„Ich bin derselben Meinung wie Brecht; die Entstehung der Sympathie für Galilei zu verhindern ist für Darstellung und Regie wahrscheinlich unmöglich. Was aber wesentlich ist: Ich bestreite - und zwar sogar gegen Brecht - die Auffassung, dieser Sachverhalt nähme dem Stück seine progressive Haltung. Meiner Meinung nach ist es sogar eher sinnvoll und zweckentsprechend, wenn das Publikum zunächst beinahe Partei für Galilei nimmt und seiner Person vieles nachzusehen bereit ist. Um so aufrüttelnder und schockhafter muss dann das Eingeständnis Galileis wirken.“ (Hecht S. 121/2)

Was sollen wir jetzt von dieser Wendung halten?
Fragen Sie doch Ihre Schüler, wenn Ihnen der geeignete Zeitpunkt gekommen scheint.

Lektüre-Vorbereitungen

1. Ein so umfangreiches und verzweigtes Thema benötigt Hintergrundwissen und dafür braucht man „Experten". Vergeben Sie an Interessierte und Freiwillige folgende

Themen für Einzel- und Gruppenreferate:

Thema	Einsatzort:
Ptolemäus und das Ptolemäische Weltbild	(Bild 1-3)
Was behauptete Nikolaus Kopernikus?	(Bild 1-3)
Wer war Giordano Bruno?	(Bild 3, 6)
Die „Heilige Inquisition"	(Bild 6 o. 7)
Die politische Weltlage im Jahre 1632 (Italien, Frankreich, Spanien, Schweden, Deutschland)	(Bild 12)
Das Leben des Bertolt Brecht (zwischen 1933 und 1956)	
Die politische Weltlage im Jahre 1947 (Europa, USA,Japan, Russland)	(Bild 14)
Die Kernspaltung und Anfänge der Atombombe (O. Hahn, W. Heisenberg, R. Oppenheimer)	

Erste Informationen hierzu finden Sie im Materialien-Teil, weitergehende in der Bibliografie. Beziehen Sie bitte auch die angegebenen Internet-Adressen ein: Zwar ist dort die Quellenlage manchmal etwas unübersichtlich, es dürfte jedoch für Schüler (und Lehrer) mittlerweile fast einfacher sein im Internet fündig zu werden als in der nächstgelegenen Universitätsbibliothek.

Diese Experten-Zirkel sollen sich und ihr Material für den ausgewählten Zeitpunkt ihres Einsatzes bereithalten: Landkarten, Folien, Fotografien, Schaubilder und eine schriftliches „summary" (eine Seite) in die Hand der Mitschüler. Denkbar ist die sukzessive Erstellung eines Readers aus den Schülerzusammenfassungen, ergänzt durch gelegentliche Zusatz-Blätter aus Lehrerhand, z.B. Strukturübersichten, Blätter für Einsetz-Aufgaben usw.

2. Lektürebegleitende und -strukturierende Arbeitsaufträge:

Ein Teil der Schüler soll beim Lesen der Bilder „Randbemerkungen" machen. Geben Sie hierfür z.B. folgende Markierungen vor (eigene dürfen erfunden werden):

K	für Kirche und Obrigkeit
W	für Wissenschaft und Wahrheit
NZ	für Neue Zeit
G	für Genuss und Lebenslust
S	für Seefahrt und neue Küsten
VK	für Verkehrungen (Oben-Unten, Ruhe-Bewegung, Mensch-Tier...)

Diese Randnotizen dürften dann bei der Inhaltssicherung hilfreich sein um die Szenen rasch charakterisieren zu können.
Ein anderer Teil der Klasse soll zu jeder Szene – oder zu ausgewählten Szenen – Notizen nach diesem Schema erstellen:

- Ort und Zeit der Handlung
- auftretende Personen und ihre soziale Stellung
- Handlung (in maximal drei Sätzen)
- Das Zentral-Thema, formuliert als prägnante Bild-Überschrift

Aus diesen arbeitsteiligen Lektüre-Aufträgen lässt sich dann eine Strukturskizze verfertigen (Gesamtschau), aus welcher augenfällig wird,

- welche Szenen zusammengehören (geografisch, zeitlich, thematisch)
- welche Art von dramatischem Spannungsverlauf auszumachen ist?
- wo die thematischen Schwerpunkte liegen und
- welche (Leit-)Motive bzw. Bildbereiche sich durch das Stück ziehen.

(siehe hierzu im Materialienteil das Kapitel: Strukturen)

Einstiege – Eröffnungs-Varianten:

Die Behandlung des „Galilei" kann natürlich damit beginnen, das Buch zwei Wochen zuvor zur Lektüre auszuteilen und dann als Einstieg gemeinsam das erste Bild zu lesen. Das ist bestimmt auch spannend. Gehen wir aber einmal davon aus,

- dass manche, gewisse oder einige Schüler noch nicht sehr weit gekommen sind,
- oder dass Sie als Lehrkörper sich die erste Begegnung mit dem Text für ein gemeinsames Erlebnis vorbehalten möchten
- oder dass Sie einfach den Frage- und Denkhorizont der Schüler vorweg erweitern möchten!

Dann bietet sich einer der folgenden Einstiege an:

1. Eine kleine (multimediale) Lebens- und Werkschau unter Einbeziehung der Schüler-Experten:
   Das Leben des Bertolt Brecht (siehe: Biografie)
   - Fluchtwege und Stationen (hierzu bedarf es schon einer Weltkarte: Berlin, Paris, Skandinavien, Moskau, Wladiwostok, Kalifornien, Berlin)
   - Dokumentationen und Fotos: Der kleine Mann mit der Zigarre
   - Songs, Vertonungen von Kurt Weill, Paul Dessau und Hans Eissler
   - Exemplarische Gedichte, z.B. „An die Nachgeborenen" (1938) und besonders „Lob des Zweifels", welches im Hinblick auf den „Galilei" schon wichtige Motive enthält.

2. Diskussion eines stückebezogenen Entscheidungsdilemmas:

Was ist von der Moral folgender Geschichte zu halten?
Galilei: „ ... In die Wohnung des kretischen Philosophen Keunos, der wegen einer freiheitlichen Gesinnung bei den Kretern sehr beliebt war, kam eines Tages während der Gewaltherrschaft ein gewisser Agent, der einen Schein vorzeigte, der von denen ausgestellt war, welche die Stadt beherrschten. Darauf stand, ihm sollte jede Wohnung gehören, in die er seinen Fuß setzte; ebenso sollte ihm auch jedes Essen gehören, das er verlangte; ebenso sollte ihm auch jeder Mann dienen, den er sähe. Der Agent setzte sich auf einen Stuhl, verlangte Essen, wusch sich, legte sich nieder und fragte, mit dem Gesicht zur Wand, vor dem Einschlafen: wirst du mir dienen? Keunos deckte ihn mit einer Decke zu, vertrieb die Fliegen, bewachte seinen Schlaf, und wie an diesem Tage

gehorchte er ihm sieben Jahre lang. Aber was immer er für ihn tat: vor einem hütete er sich wohl: auch nur ein Wort zu sagen. Als nun die sieben Jahre um waren und der Agent dick geworden war vom vielen Essen, Schlafen und Befehlen, starb der Agent. Da wickelte ihn Keunos in die verdorbene Decke, schleppte ihn aus dem Haus, wusch das Lager, tünchte die Wände, atmete auf und antwortete: nein."
Die Schüler lachen. Nur Andrea schüttelt den Kopf.
ANDREA. „Mir gefällt die Geschichte nicht, Herr Galilei."

Und wie gefällt diese Geschichte Ihren Schülern?

- Bilden Sie Kleingruppen.
- Teilen Sie an jede Gruppe zwei verschiedenfarbige Blätter aus: Z.B. rosa als Sympathie-Farbe und gelb als Antipathie-Farbe
- Die Gruppen sollen sich in 10 Minuten entscheiden, ob sie mit dem Verhalten des Keunos sympathisieren oder nicht, dann ihre Begründung auf das entsprechende (rosa oder gelbe) Blatt schreiben und dieses an die Tafel hängen.
- Wenn alle Zettel hängen und die Tendenz durch die Farben deutlich sichtbar ist, werden die Gruppen zu einer kurzen Begründung ihrer Entscheidung aufgefordert, dann steht einer Diskussion der konträren Standpunkte nichts mehr im Wege.
- Der lehrer fass schließlich die Argumente pro und kontra zusammen und stellt den Zusammenhang zur Grundproblematik des „Galilei" her (eventuell durch einen diktierten Hefteintrag).

3. Ein Zitaten-Patchwork (siehe Seite 23)und was man damit machen kann:
   - Teilen Sie das Zitaten-Blatt an alle Schüler aus mit der Aufforderung, ein Zitat auszusuchen, mit dem sie übereinstimmen, und ein anderes, an dem sie sich stoßen. Sie sollen ihre Wahl benennen und begründen.

   - Alternative:
     Je zwei (bzw. drei) Schüler erhalten ein Zitatkärtchen und zwei farbige DinA4-Bögen (blau und rot) mit folgendem Arbeitsauftrag für die nächsten zehn Minuten:
     Geben Sie die auf diesem Kärtchen geäußerte Ansicht in eigenen Worten wieder und nehmen Sie dazu Stellung!
     Charakterisieren Sie diese Person(en)?
     Schreiben Sie Ihre Einschätzungen auf eines der beiden Blätter: Auf das blaue, wenn Sie die Person sympathisch finden, auf das rote, wenn sie Ihnen unsympathisch erscheint.

Nach der Gruppenarbeitsphase stellen die Gruppen ihre Ergebnisse vor, indem sie ihr Blatt mit den Stichworten an die Tafel oder Wand heften und ihre Ansichten zu Inhalt und Charakter äußern. Auf diese Weise sind gewisse Voreinstellungen und Erwartungshaltungen geschaffen, welche Interesse am Stück und seinen Personen wecken können. Zugleich bietet es sich an, diese Entscheidungsblätter aufzubewahren und bei passender Gelegenheit wieder darauf zurückzukommen, z.B. wenn das jeweilige Bild behandelt oder einer der Protagonisten charakterisiert wird.

Wählen Sie eine Karte aus - begründen Sie Ihre Wahl!

Galilei: „Eine neue Zeit ist angebrochen, ein großes Zeitalter, in dem zu leben eine Lust ist." Frau Sarti: „So. Hoffentlich können wir auch den Milchmann bezahlen in dieser neuen Zeit, Herr Galilei. (S.12) Kurator: „Bedenken Sie die Zustände ringsum! Die Sklaverei unter deren Peitsche die Wissenschaften an gewissen Orten seufzen!(...)Man muss dort nicht wissen, wie der Stein fällt, sondern was der Aristoteles darüber schreibt." (S.19) ❶

Galilei: „Ja, ich glaube an die sanfte Gewalt der Vernunft über die Menschen. Sie können ihr auf Dauer nicht widerstehen." (34)
(...)
Sagredo: „Das ist die Nacht des Unglückes, wo der Mensch die Wahrheit sieht. Und eine Stunde der Verblendung, wo er an die Vernunft des Menschengeschlechtes glaubt."(38) ❷

Galilei: „Ich würde meinen, als Wissenschaftler haben wir uns nicht zu fragen, wohin die Wahrheit uns führen mag." Der Philosoph (wild): „Herr Galilei, die Wahrheit mag uns zu allem möglichem führen!" (S.49) ❸

Sehr alter Kardinal: Ich bin nicht irgendein Wesen auf irgendeinem Gestirnchen, das für kurze Zeit irgendwo kreist. Ich gehe auf einer festen Erde, in sicherem Schritt, sie ruht, sie ist der Mittelpunkt des Alls, ich bin im Mittelpunkt und das Auge des Schöpfers ruht auf mir und auf mir allein."(S.62) ❹

Bellarmin: "Wir haben die Verantwortung für den Sinn solcher Vorgänge (das Leben besteht daraus), die wir nicht begreifen können, einem höheren Wesen zugeschoben, davon gesprochen, daß mit derlei gewisse Absichten verfolgt werden, daß dies alles einem großen Plan zufolge geschieht ... aber jetzt beschuldigen Sie dieses höchste Wesen, es sei sich im unklaren darüber, wie die Welt der Gestirne sich bewegt..." (S.68) ❺

Der kleine Mönch: „Was würden meine Leute sagen, wenn sie von mir erführen, daß sie sich auf einem kleinen Steinklumpen befinden, der sich unaufhörlich drehend im leeren Raum um eine anderes Gestirn bewegt, einer unter sehr vielen, ein ziemlich unbedeutender. Wozu ist jetzt noch solche Geduld, solches Einverständnis in ihr Elend nötig und gut?"(S.76) ❻

Galilei:"Ich könnte in der Sprache des Volkes schreiben, für die vielen, anstatt in Latein für die wenigen. Für die neuen Gedanken brauchen wir Leute, die mit den Händen arbeiten. Wer sonst wünscht zu erfahren, was die Ursachen der Dinge sind?(...)Deine Schwester an der Olivenpresse, Fulganzio, wird sich nicht groß wundern, wenn sie hört, daß die Sonne kein goldenes Adelsschild ist, sondern ein Hebel: die Erde bewegt sich, weil die Sonne sich bewegt."(S.91/2) ❼

Galilei: „Ich habe ein Buch geschrieben über die Mechanik des Universums, das ist alles. Was daraus gemacht oder nicht gemacht wird, geht mich nichts an." (S. 101) ❽

Inquisitor: „Sie schreiben: die Zahlen zwingen uns! Aber woher kommen ihre Zahlen? Jedermann weiß, daß sie vom Zweifel kommen. Diese Menschen zweifeln an allem. Sollen wir die menschliche Gesellschaft auf den Zweifel begründen und nicht mehr auf den Glauben?"(S.105) ❾

Galilei: „Ich halte dafür, daß das einzige Ziel der Wissenschaft darin besteht, die Mühseligkeit der menschlichen Existenz zu erleichtern. Wenn Wissenschaftler, eingeschüchtert durch selbstsüchtige Machthaber, sich damit begnügen, Wissen um des Wissens willen aufzuhäufen, kann die Wissenschaft zum Krüppel gemacht werden und eure neuen Maschinen mögen nur neue Drangsale bedeuten." (S.125) ❿

Inhaltssicherung als Gruppenpuzzle

Im Gruppenpuzzle unterweisen Schüler ihre Mitschüler. Jeder ist Experte und Wissensvermittler zugleich. Experte wird er dadurch, dass er einen Spezialauftrag erhält, als Vermittler seines Expertenwissens betätigt er sich dann, wenn er sein Wissen in eine Gruppe einbringt. Unterschieden wird also zwischen Expertengruppen und Stammgruppen. Aus den Beiträgen der Experten wird dann in den Stammgruppen ein Gesamtbild zusammengesetzt: Das fertige Puzzle!
Zur Organisation:
Man stelle sich z.B. drei Großfamilien vor, die Maiers, die Müllers und die Schneiders. In jeder Familie gibt es eine Mutter, einen Vater, einen Sohn, eine Tochter und vielleicht noch einen Großvater, die Zahl der Familienmitglieder ist beliebig erweiterbar. Alle drei Familien haben beschlossen, zusammen in Urlaub zu fahren, wissen aber noch nicht wohin und wollen sich informieren. Sie machen dies arbeitsteilig:
Am ersten Tag setzen sich jeweils alle Mütter, alle Väter, alle Söhne und alle Töchter zusammen und studieren Reiseführer: Die Väter einen Reiseführer über die Toscana, die Mütter über Teneriffa, die Töchter über Mallorca und die Söhne über die Bretagne. Somit sind Väter, Mütter, Söhne und Töchter jeweils Experten für dieses „Gebiet".
Am zweiten Tag halten die Maiers, die Müllers und die Schneiders getrennt ihren Familienrat ab. Vater wird jetzt über die Toscana, Mutter über Teneriffa, die Tochter über Mallorca und der Sohn über die Bretagne informieren; sie werden vergleichen, nachfragen und sich vorläufige Gedanken machen.
Am dritten Tag machen die drei Familien eine Großversammlung (bei Wein, Bier, Sprudel und Cola). Jeder dürfte jetzt über jedes Reiseland gut Bescheid wissen und zusätzlich Teneriffa- oder Mallorca-Experte sein. Jetzt können sie kompetent diskutieren und sich hoffentlich auf ein Reiseziel einigen. Damit sind, kurz gesagt, drei mal vier Leute (=12) gleichzeitig Lernende und Lehrer gewesen.

Nun zum Galilei-Gruppenpuzzle:
1. Schritt: Die Inhaltserfassung der Bilder 1 bis 3 findet gemeinsam im Klassenverband statt und zwar indem exemplarisch folgendes Schema ausgefüllt wird (Arbeitsblatt):

Bild	Ort	Zeit	Personen	Handlung	Motive	Thema

2. Schritt: Jetzt wird das Gruppenpuzzle organisiert.
Bilden Sie Stammgruppen zu je vier Teilnehmern. Diese sollen sich kurz zusammensetzen und sich einen Namen geben. Wie wäre es mit Namen von berühmten Naturwissenschaftlern: Kopernikus, Kepler, Brahe, Bruno, Newton, Gauß. In jeder Gruppe werden nun die selben vier Rollen verteilt: z.B. Meister, Meisterin, Geselle und Lehrling

oder auch nur die Nummern 1, 2, 3 und 4, das ist schön wissenschaftlich-abstrakt). Dieser ganze Vorgang sollte nicht länger als 10 Minuten dauern, führt aber zu klaren Zuordnungen und zu Identifikationen mit berühmten Namen: Ich, Meister Kepler, du, Geselle Newton, usw.

Daraufhin bilden sich die Expertengruppen: Alle Meister (oder Einser), Meisterinnen (Zweier) usw. treffen sich, erhalten ein leeres Formblatt (wie oben) und dazu folgenden Arbeitauftrag:

Meister:	Tragen Sie für die Bilder 4 bis 6 alle wichtigen Informationen ein
Meisterinnen:	Tragen Sie für die Bilder 7 bis 9 alle wichtigen Informationen ein
Gesellen:	Tragen Sie für die Bilder 10 bis 12 alle wichtigen Informationen ein
Lehrlinge:	Tragen Sie für die Bilder 13 bis 15 alle wichtigen Informationen ein

3. Schritt:
Schließlich treffen sich die Experten wieder in ihren Stammgruppen und tragen sich dort gegenseitig ihre Zusammenfassungen vor. Es gibt so viele Stammgruppen, wie es Teilnehmer in den Expertengruppen gab. Dadurch können Sie flexibel auf die jeweilige Klassengröße reagieren.
Jetzt müsste jeder über jedes Bild informiert worden sein und jeder Schüler hat sich als Spezialist betätigt.
4. Schritt:
Auswertung und Weiterarbeit:
Die Stammgruppen fügen ihre vier Formblätter – eventuell überarbeitet und verschönert – zu einem Poster zusammen und hängen dies auf.

Vorschläge für die weitere Unterrichtsplanung:

In drei Stunden haben die Schüler nun gemeinsam den Inhalt des „Galilei" erarbeitet und dokumentiert, sie waren dabei als Lernende und Lehrende aktiv, haben vielleicht das Klassenzimmer verschönert, begreifen sich als Experten und sind von nun an auch als Spezialisten ansprechbar. Die weitere Beschäftigung mit dem Stück kann jetzt entlang ausgesuchter thematischer Aspekte durchgeführt werden. Bei der Komplexität des Stückes, seiner Themen und Figuren ist es notwendig, sich auf das jeweils für wesentlich Erachtete zu beschränken und dementsprechend auszuwählen. Hier vier solcher Auswahlvorschläge:

❍ Gespräche und Reden:
Folgende Bilder bieten sich vor allem zur Analyse von Argumentationsweisen, Dialogstrukturen und Figurenkonstellationen an.
- Galileis Rede über die neue Zeit (1),
- Gespräch über das Seelenheil des einfachen Volkes (8),
- Der Inquisitor über die zweifelhafte Vernunft des Menschen (12)
- Galilei über die Verantwortung des Wissenschaftlers (14).

❍ Das Volk als dramatis personae tritt auf oder ist Gegenstand der Verhandlung
- in den Bildern 7-9 (die Campagnabauern),
- in Bild 10 (das Straßen- und Stadtvolk) und
- in Bild 11 (das Bürgertum).
- In Bild 14 schließlich wird der soziale Horizont vom Volk im Besonderen zur „menschlichen Existenz" im Allgemeinen erweitert.

❍ Lohnend ist auch ein Personen-orientierter Ansatz: Der Protagonist, seine Mitstreiter und Widersacher.
- Andrea (Bild 1, 5, 13, 14, 15),
- Virginia (3, 9,13,14),
- Ludovico (1, 2, 9),
- Frau Sarti (1, 9),
- Barberini (7, 12),
- der kleine Mönch (7, 8, 13, 14).

☞ Siehe hierzu die entsprechenden Kapitel im Materialienteil: Figuren.

❍ Ein interessanter Ansatz für mehr naturwissenschaftlich orientierte Lerngruppen könnte der wissenschaftshistorische und -methodische sein, der sich durch die Bilder 1, 3, 4 , 6 und 9 zieht: Die Darlegung der Weltbilder (1,4,6) und der Forschungsmethoden (1, 4 und 9). Diese eher wissenschaftsimmanente Themenwahl ist sehr spannend, führt allerdings nicht ganz automatisch zum Zentralthema des Schauspieles. Die Behandlung von Bild 14 wird dann die Zuspitzung auf die zentrale „Verantwortungsproblematik" leisten müssen.
Für diesen Themenschwerpunkt sind – außer den jeweiligen Tafelanschrieben – noch weitere Arbeits- und Textvorschläge im Materialienteil zu finden: Über die alte, die neue und die ganz neue Wissenschaft

❍ Abgeschlossen und abgerundet werden sollte die Unterrichtseinheit mit einer Gesamtschau. Hierfür werden in diesem Buch drei Vorschläge gemacht:
- Erstellung eines Übersichtsblattes (siehe Kapitel C: Werkübersicht)
- Rekapitulation mittels kreativer Schreibanlässe (siehe Kapitel A)
- Gestaltung einer Chronik aus Szenenfotos, Zitaten und Bildern (siehe Kap. C).

Schreibanlässe kreativer Art

Diese Vorschläge für kreativere Formen der schriftlichen Auseinandersetzung mit dem Stück, bekannt auch als „gestaltendes Interpretieren", finden Sie in den einzelnen Bildern wieder, sie werden aber hier zusammengestellt, damit deren Grundprinzip erkennbar und je nach Einfallsreichtum weitergeschrieben werden kann.
Außerdem ist es denkbar, die Behandlung des Stückes mit einer kreativen Schreibphase abzurunden, und solche Schreibaufträge noch einmal rekapitulierend und arbeitsteilig einzusetzen.

Bild 1: Frau Sarti hat den jungen Herrn Ludovico aus dem vornehmen Hause Marsili hereingelassen und hofft nun, dass Galilei diesen als Privatschüler annimmt. Sie hat für einen Augenblick die Stube verlassen und als sie zurückkehrt, versucht Galilei den ihm wenig geeigneten Ludovico mit den Worten abzuwimmeln: „Sie könnten ebensogut eine tote Sprache wählen oder Theologie. Das ist leichter."

❍ Schreiben Sie in einem inneren Monolog (Ich-Perspektive), was der guten Frau Sarti in diesem Augenblick durch den Kopf schießt.
Beachten Sie dabei,
a) in welcher Lage sich der Galileische Haushalt befindet,
b) welche Rolle darin Frau Sarti spielen könnte und
c) was sie von Galilei hält.

Bild 2: Ludovico, im Hintergrund stehend, beobachtet die Präsentation des Fernrohrs durch Galilei mit gemischten Gefühlen.

❍ Er überlegt, was er davon halten soll und ob er Galilei sagen soll, was er davon hält. Geben Sie diese Überlegungen in wörtlicher Rede wieder.

Auf dem Weg von Venedig zurück nach Padua, in der Kutsche, unterhalten sich Ludovico und Virginia über das Vorgefallene. Ludovico ist verwirrt, Virginia versucht ihren Vater zu verteidigen.

❍ Schreiben Sie das Gespräch der beiden auf.
Bedenken Sie dabei,
- welche Ansichten von den „Wissenschaften" Ludovico bisher hatte,
- welchen positiven Eindruck Galileis Schwindel auf sein Nützlichkeitsdenken gemacht haben könnte,
- und welches Interesse er zu diesem Zeitpunkt an Virginia hat.

Bild 3: Galileis Brief an den neunjährigen Großherzog von Florenz.

❍ Formulieren Sie ein Bewerbungsschreiben, in welchem ein moderner Galilei seine wissenschaftlichen Qualifikationen und Verdienste vorstellt.
Überlegen Sie dabei, wie man heutzutage seinen Aufstiegswunsch und seine persönlichen Fähigkeiten „an den Mann bringt"?

Bild 4: Stellen Sie sich vor, der Philosoph und der Mathematiker schauten doch noch durch das Fernrohr.

❍ Was würden sie sehen bzw. zu sehen vorgeben und wie würden sie darüber sprechen?
Verfassen Sie einen Dialog, in dem die Gelehrten Galilei des Schwindels bezichtigen und in welchem dieser sich zu rechtfertigen versucht.

Bild 6: Pater Clavius, „der größte Astronom Italiens und der Kirche“ (Philosoph S.60), nachdem er lange genug in das „Teufelsrohr“ geschaut hat, wendet sich an seinen Assistenten, den Mönch Fulganzio und sagt nachdenklich: „Jetzt können die Theologen sehen, wie sie die Himmelskreise wieder einrenken.“

❍ Setzen Sie diesen Satz fort und lassen den Kleinen Mönch dabei seine Bedenken und sein Verwirrtheit äußern.
Berücksichtigen Sie dabei, in welchem Rollenkonflikt sich der päpstliche Hofastronom selbst befindet.

Bild 8: Was ist und wie funktioniert ein „Physiker“?

❍ Erarbeiten Sie einen Fragenkatalog für ein Interview mit Ihrem Physik-Lehrer.
Nehmen Sie dabei Galileis Ausführungen über den Menschen als Physiker zum Ausgangspunkt.

Bild 10: Willkommen (Bienvenue) zum „Erde-um-die-Sonne-Straßenzirkus“ :
Denken Sie sich ein Kostüm, eine Musik, eine Pantomime, einen Faschingswagen für den *Erde-um-die-Sonne-Zirkus* aus.

❍ Wie könnte die Eröffnungsrede des Zirkusdirektors klingen und welche Attraktionen hat er anzukündigen?
Klären Sie zuvor, welches Interesse ein Zirkusdirektor an diesem Thema haben könnte und welche Einstellungen zum Erde-um-die-Sonne-Thema „das Volk“ bisher gezeigt hat.

Bild 11: Der Eisengießer Vanni befindet sich auf dem Heimweg. Er hat Galilei ein nicht ungefährliches Hilfsangebot gemacht und dieses ist abgelehnt worden. Jetzt ärgert er sich über Galilei.

❍ Zu Hause am Abendtisch bemerkt Frau Vanni seine Verdrossenheit und spricht ihn darauf an.
Etwa so: „Mein lieber Mann, ich bemerke, dass du heute sehr verdrossen dein Mahl einnimmst. Was ist dir im Palast des Großherzogs widerfahren, dass es dich so mürrisch dreinblicken lässt?“
Wie könnte das Gespräch weitergehen?

Bild 14: Vier Jahre nach dem Widerruf besucht Andrea Sarti seinen ehemaligen Ziehvater und Lehrmeister. Er wird - wenn auch ungern - zu Galilei hereingelassen und sein Blick fällt auf den fast blinden alten Mann. Was mag ihm bei diesem Anblick durch den Kopf gegangen sein?

❍ Schildern Sie diese Gedanken und Gefühle in einem inneren Monolog.
Beachten Sie dabei,
a) was Galilei für Andrea Sarti bedeutet hat,
b) was dieser Begegnung vorausgegangen ist,
c) mit welchen Worten sie voneinander gegangen sind,
d) was Sarti bewogen haben mag, Galilei trotz alledem zu besuchen.
Fangen Sie z.B. so an:
„Er ist alt geworden und noch dicker. Und wie er mit seinen schwachen Augen ins Leere stiert. Das geschieht ihm recht, jetzt ist es aus mit der Lust am Denken und Forschen ...“

Bild 15: Andrea Sarti hat die Grenze Italiens überschritten und es auch geschafft, mit der „Wahrheit unter dem Rock“ Deutschland zu durchqueren. In Amsterdam nun, im Kreise von Fachkollegen, wird er mit Fragen bedrängt, wie es um Galilei stehe und was von seinem Widerruf zu halten sei.

❍ Verfassen Sie ein solches Gespräch in Form eines Interviews.

Theater-praktische Annäherung an den „Galilei"

Die folgenden Vorschläge erfordern die Bereitschaft, für ein oder zwei Stunden oder auch für Teile einer Stunde kognitiv-analytische Arbeitsweisen zurückzustellen und sich dem Theaterstück mit Verstand und mit Gefühl zu nähern.
Ziel ist es, Figuren des Dramas, deren Innenleben, Charakter-Eigenschaften und Beziehungen körperlich erfahrbar und dadurch zugänglich zu machen. Zugleich wird die Textkenntnis vertieft und bisher vielleicht nur flüchtig Gelesenes in seiner Bedeutsamkeit erkennbar gemacht.
Im Detail heißt das:

- Methodische Auflockerung und Aufbrechen eingespielter Sitz-Verhältnisse und Umgangsformen (☞ Aufwärmen)
- Schaffung von größerer Nähe zu den Dramen-Figuren (☞ Gangarten)
- Vorbereitung für die Analyse von Figurenkonstellationen (☞ Standbilder)
- Szenisches Interpretieren von Charaktereigenschaften und Handlungsmotivationen als Vorbereitung für die Analyse von zentralen Textstellen.

Vorweg ist zu beachten:

1. Sie brauchen eine größere Fläche im Klassenzimmer, so dass auch noch 20 Personen sich darin ohne drangvolle Enge bewegen können.
2. Beginnen Sie immer mit einer Aufwärm-Phase (warm-up), damit Schüler und Lehrer aus ihrer Alltagsroutine aussteigen und Hemmschwellen überwinden können. Diese Aufwärmphase braucht nicht länger als 5 Minuten zu sein, sollte aber aus mehreren Teilen bestehen: Gehen, Partner-Übungen, Spiegelpantomime, Erstarrungen usw. (Beispiele folgen).
3. Stellen Sie möglichst rasch einen Bezug zum Stück her, also schon beim Warmlaufen.
4. Ziehen Sie die Präsentationen nicht durch allzu eindringliches Nachhaken und Nachfragen in die Länge; besser ist es, nachträglich und gezielt die Überlegungen der jeweiligen Gruppe verbalisieren zu lassen.
5. Bleiben Sie als Leiter außerhalb der Gruppe und geben Sie klare Anweisungen (Spickzettel).

UND JETZT GEHT ES LOS:

Spazierengehen:
Alle Personen bewegen sich gehend durch den freien Raum. Nicht zu schnell und nicht zu langsam und nicht alle in der gleichen Kreisbewegung, sondern kreuz und quer und den ganzen Raum ausnutzend. Darauf ist immer wieder hinzuweisen, sonst stellt sich eine Turnhallen- oder Gefängnishof- Bewegungsordnung ein.

Gangarten:
Der Leiter gibt nun verschiedene Gangarten vor: In großen Schritten gehen, in schnellen kleinen Schritten trippeln, verträumt schlendern, etwas hinken, schlurfen usw.

Blindenführer:
Paare bilden sich und verteilen sich im Raum. einer legt dem anderen die Hand auf den Rücken, der andere schließt die Augen und wird jetzt geführt; wann immer ein Hindernis naht und eine Kollission droht, lässt der Führer los, der Blinde bleibt stehen, dreht sich vom Hindernis weg und läuft weiter, sobald er die Hand auf dem Rücken wieder spürt. Nicht vergessen, die Rollen zu tauschen.

Jetzt wieder einzeln durch den Raum laufen: Der Leiter stellt eine Dramenfigur vor, die irgendwohin unterwegs ist. Die Schüler sollen ihr Verständnis dieser Gangart umsetzen. Die Anweisungen könnte z.B. so aussehen:

Bewegt euch jetzt einmal so, wie
- Andrea auf seinem Weg zum Linsenschleifer (Bild 1)
- Virginia, den großen Ball im Haus des Kardinals Bellarmin, betretend (7)
- Männer, die die Pest vertreiben wollen (5)
- auf einer Welt torkelnd, die sich zu schnell dreht (6)
- Papst Urban nach seiner schweren Entscheidung (12)
- das laute Geschlurfe, das ihn so belästigt (12)
- Galilei nach seinem Widerruf unterwegs zu den Seinen (13)
- der Kurator auf dem Weg zu Galilei, nachdem er überall in Venedig die Fernrohrverkäufer gesehen hat (4).

Zwischen den Gehversuchen soll immer wieder kurz in die normale Gangart zurückgekehrt werden.

Eingefrorene Gefühle („Freeze“):
Weiter geht es in gemächlichem Schritt durch den freien Raum. Der Leiter stellt nun eine Situation aus dem Stück vor, die in einer zur Statue erstarrten Figur dargestellt werden soll. Wenn der Leiter einige Sekunden später in die Hand klatscht, gefrieren alle in einer Stellung, welche ihrem Verständnis nach die Gefühlslage der Person ausdrückt. Man verharrt wenige Sekunden, schaut vielleicht einmal kurz herum, in welcher Pose die anderen erstarrt sind, und auf ein Zeichen des Leiters geht es weiter in gemächlichem Schritt bis zum nächsten Auftrag und zum nächsten Freeze.

Situationsvorgaben:
- Galilei hört zum ersten Mal von „diesem komischen Rohr“. Welchen Gesichtsausdruck und Körperhaltung mag er dabei wohl eingenommen haben?(1)
- Frau Sarti sagt Galilei endlich ihre Meinung (9)
- Virginia erscheint in ihrem Brautkleid und sucht Ludovico im Zimmer (9)
- Galilei will dem Großherzog sein neues Buch, den „Dialog über die hauptsächlichen Weltsysteme“ überreichen (11)
- Der Großherzog Cosmo erkundigt sich nach Galileis Augen und ignoriert das dargebotene Buch (11)
- Der Wächter-Mönch belauscht Galilei und dessen ungebetenen Gast (14)

Standbilder:
Bilden Sie jetzt Gruppen zu vier bis fünf Mitgliedern und weisen jeder Gruppe mit einem Zettel eine ganz bestimmte Situation aus dem Stück zu, die sie als Standbild gemeinsam darstellen soll. Dabei können neben Personen auch Gegenstände dargestellt werden. Die Gruppen beraten in ihren Ecken nun kurze Zeit darüber, wie und von wem welche Stellung eingenommen werden soll, wie die Gesamtkonzeption aussehen

kann usw. Während dann die erste Gruppe ihre Figur aufstellt, haben sich alle anderen Gruppen abgewandt. Sie drehen sich erst wieder um, wenn ein Zeichen gegeben wird, und sollen nun das Standbild studieren, beschreiben und die dargestellte Situation in das Stück einordnen. Ist dies geschehen, bereitet die zweite Gruppe ihr Standbild vor, während die anderen sich abwenden und auf das Zeichen warten.

Solche Standbild-Vorgaben könnten nun sein:
- Galilei hält seine Rede im Arsenal von Venedig (2)
- Der Inquisitor überredet den Papst (12)
- Die Kirche von Sankt Markus dröhnt und man vernimmt Galileis Widerruf (Bild 13)
- Galilei, der Großherzog und die Gelehrten stehen um das Fernrohr (4)
- Baberini, Bellarmin und Galilei im Ballsaal in Rom (7)
- Galilei und seine Schüler jagen Ludovico aus dem Haus (9)

Reflektieren Sie jetzt im Plenum, nachdem alle Gruppen sich dargestellt haben, welche Überlegungen die Mitglieder für ihre Präsentation angestellt hatten und welche Alternativen darüber hinaus denkbar gewesen wären. Aus diesen Nachbetrachtungen dürfte sich dann recht ungezwungen der Wunsch ergeben, die betreffenden Textstellen oder Szenen im Text noch einmal genauer anzuschauen.

KONKRETISIERUNGEN für ausgewählte Lernziele:

1. Vorübungen zur Erarbeitung von Galileis Charakter
   Geben Sie jeder Gruppe – nach der Aufwärmphase – einen ausgewählten Satz oder eine markante Regieanweisung zur Darstellung, in welcher extreme Stimmungslagen oder Charaktereigenschaften Galileis zum Ausdruck kommen sollen. Die jeweilige Gruppe soll ihre Vorgabe im leisen Gespräch interpretieren und dann ohne Worte als Bewegungsablauf oder Statue darstellen. Solche Vorgaben könnten z.B. sein:

   - Galilei, sich den Oberkörper waschend, prustend und fröhlich: Stell die Milch auf den Tisch...(1)
   - Galilei verlässt das Podest und stellt sich neben Sagredo. Händeklatschen. Galilei verbeugt sich.(2)
   - Galilei unterwürfig: Meine Herren, ich ersuche sie in aller Demut, ihren Augen zu trauen.(4)
   - Galilei: Eminenz, hätte Gott die Welt so konstruiert – (er wiederholt Barberinis Bahn) – dann hätte er auch unsere Gehirne so konstruiert – (er wiederholt dieselbe Bahn) ... Ich glaube an die Vernunft. (7)
   - Vanni: Sie scheinen Ihre Freunde nicht von ihren Feinden auseinanderzukennen, Herr Galilei.
     Galilei: Ich kenne Macht von Ohnmacht auseinander. (Er geht brüsk weg.)
     Vanni: Schön. Ich wünsche Ihnen Glück. (Ab)
   - Eingetreten ist Galilei ... Einige Augenblicke wartet er an der Tür auf eine Begrüßung. Da keine erfolgt, denn die Schüler weichen vor ihm zurück, geht er, langsam und seines schlechten Augenlichtes wegen unsicher, nach vorn, wo er einen Schemel findet und sich niedersetzt.(13)
   - Galilei akademisch, die Hände über dem Bauch gefaltet: In meinen freien Stunden, derer ich viele habe, bin ich meinen Fall durchgegangen und habe darüber nachgedacht, wie die Welt der Wissenschaft, zu der ich mich nicht mehr zähle, ihn zu beurteilen haben wird.(14)
     Nachdem eine Statue gedeutet worden ist – nicht allzu lange mit Rücksicht auf die erstarrten Darsteller – bittet der Leiter einen derselben sich aus der Erstarrung zu lösen und den zu interpretierenden Satz laut vorzulesen.

Am Ende aller Darbietungen folgt eine kurze Nachbetrachtung des Gesehenen, der Lehrer fasst die unterschiedlichen Facetten in Galileis Charakter zusammen und schlägt nun vor, z.B. an Hand der Lektüre der Bilder 1,3 und 5 die Widersprüche in Galileis Charakter herauszuarbeiten

☞ (vgl. Tafelanschrieb Bild 5).

2. Nebenfiguren und sozialer Gestus:
   Kündigen Sie zuerst an, dass dieses Mal Nebenfiguren im Zentrum stehen werden. Bilden Sie kleine Gruppen und geben Sie diesen – nach der Aufwärmphase – den Namen jeweils einer Nebenfigur mit dem Auftrag, diese in einem charakteristischen Bewegungsablauf oder als Statue darzustellen.
   Solche Vorgaben könnten z.B. sein:
   - Ludovico stellt sich Galilei vor (1)
   - Der Philosoph lehnt das Fernrohr ab (4)
   - Der sehr alte Kardinal (6)
   - Der dicke Prälat (6)
   - Der Kurator der Universität Padua (1,3)
   - Der Großherzog Cosmo (4, 11)
   - Die beiden Sekretäre in Mitschreibepose (6)
   - Eisengießer Vanni, nachdem Galilei ihn vor den Kopf gestoßen hat (11)
   - Herr Gaffone, Rektor der Universität, kommt die Treppe herab, erschrickt, als er Galilei sieht, und geht, den Kopf krampfhaft weggedreht, steif an Galilei und Virginia vorbei. (7)

In der Nachbetrachtung muss dann die Frage im Mittelpunkt stehen, wie schwer oder einfach es war, diese Figuren gestisch darzustellen, was diese Figuren gemeinsam haben und welche anderen Charaktere im Stück den dargestellten gleichzusetzen seien. Dies kann dann in Form einer Figurensammlung an der Tafel festgehalten werden und in den Arbeitsauftrag münden, diese Figuren in einem Diagramm nach einem bestimmten Kriterium z.B. dem der soziale Zugehörigkeit, Galilei grafisch zuzuordnen.

☞ (vgl. Figurenkonstellationen und sozialer Gestus)

3. Die Rolle und die Darstellung der Frauen im „Leben des Galilei“:
   Stellen Sie zunächst wieder klar, worum es heute gehen soll. Nach der Aufwärmphase bilden Sie dann kleine Gruppen, denen folgende Situationen zur mimischen Darstellung (ob Standbild, Statue oder Geste sei freigestellt) vorgegeben werden:
   - Frau Sarti ist eingetreten, das Bett zu machen. Sie hat zugeschaut:
     Was machen Sie eigentlich mit meinem Jungen, Herr Galilei?
     Galilei: Ich lehre ihn sehen, Sarti. (1)
   - Virginia, fertig gekleidet für die Frühmette, trägt ein Windlicht:
     Darf ich durchschauen?
     Galilei: Warum? (Virginia weiß keine Antwort) Es ist kein Spielzeug.
     Virginia: Nein, Vater. (3)
   - Frau Sarti stellt sich dem Großherzog in den Weg und bietet ihm einen Teller mit Bäckereien an:
     Ein Kringel, Eure Hoheit?
     Die ältere Hofdame führt den Großherzog hinaus.
   - Virginia entdeckt den Inquisitor in seiner Ecke und erschrickt: Oh, Eure Eminenz!
     Der Inquisitor streckt ihr, ohne aufzustehen, die Rechte hin. Sie nähert sich und küsst kniend den Ring.
     Der Inquisitor: Eine superbe Nacht.(7)
   - Frau Sarti: ...du hast kein Recht, auf dem Glück deiner Tochter herumzutrampeln mit deinen großen Füßen.
     Galilei mürrisch: Bringt das Teleskop!

Ludovico: Guiseppe, bring das Gepäck zurück in die Kutsche.
Frau Sarti: Das übersteht sie nicht. Sie können es ihr selber sagen!
Läuft weg, noch den Krug in den Händen.(9)

- Virginia wartet immer heftiger betend auf Galileis Widerruf, endlich beginnt die Glocke zu läuten, sie erstarrt und steht dann auf:
  Die Glocke von Sankt Markus! Er ist nicht verdammt!(13)
- Virginia hat die Gänse dem Mönch gegeben, geht in den großen Raum zurück, nimmt Galilei seinen hölzernen Experimentierball aus der Hand und macht sich zum Diktat fertig:
  Und jetzt denken wir an unsere Augen und hören schnell auf mit dem Ball und diktieren ein Stückchen weiter an unserem wöchentlichen Brief an den Erzbischof. (14)

Wieder werden diese Situationen zunächst wortlos dargestellt (als Standbild, Statue oder Gestenfolge), daraufhin kurz beschrieben, gedeutet und in das Stück eingeordnet, dann wird die Szene wiederholt, dieses Mal mit Text.
Am Ende folgt eine kurze Nachbetrachtung des Vorgeführten, Sie als Leiter/Lehrer(in) fassen Ihre Eindrücke von den Interpretationen zusammen und konzentrieren nun die Fragestellung in folgende Richtung:
a) Was zeichnet die beiden Frauengestalten positiv wie negativ aus?
b) Welche Rolle spielen sie in der Welt des Galilei?
c) Welche dramaturgische Funktion kommt ihnen im Stück zu?

Am besten ist es, die spontanen Antworten an Hand einer genaueren Betrachtung der ausgewählten Textstellen zu überprüfen.
Als Ergebnis müsste vor allem das Traditionelle in der Anlage dieser Frauenrollen herausgestellt werden. Diese drückt sich aus

- in ihrer Zuordnung zu Küche, Kinder und Kirche,
- in der nicht erwiderten Aufopferungsbereitschaft für den keineswegs liebenswerten Galilei.
- im Vorhandensein überlebenspraktischer Vernunft und
- einer gewissen Wissenschaftsferne, die allerdings bei den zwei Frauen unterschiedliche Ursachen hat: Bei Frau Sarti mehr das intuitive Misstrauen des gesunden Menschenverstandes gegenüber luftigen Spekulationen, bei Virginia die erzieherische Vernachlässigung durch ihren Vater, welcher ihrer offenen und natürlichen Neugier nicht Rechnung trägt (Bild 3).

Zur Opferrolle Virginias vgl. auch das Kapitel: Figuren und Konstellationen.

B. „Leben des Galilei" - Textarbeit

1. Bild: Lob der neuen Zeit

Galileo Galilei, Lehrer der Mathematik zu Padua, will das neue Kopernikanische Weltsystem beweisen.

In seiner ärmlichen Studierstube erteilt Galilei, 46 Jahre alt, während er geräuschvoll seine Morgentoilette vollführt, dem jungen, wissbegierigen Andrea Sarti, 10 Jahre alt, eine Lehrstunde in Astronomie. Zunächst erklärt er ihm das Ptolemäische Modell mit der Erde im Zentrum und den acht Kristallschalen. Der Zuschauer erhält auf diese Weise sowohl eine Lehrstunde in Astronomie-Geschichte als auch einen Einblick in die wissenschaftliche Arbeitsweise Galileis: Erst die Beschreibung, dann folgt – wenn auch aus kindlichem Munde – die Bewertung:
„Das ist schön. Aber wir sind so eingekapselt."
Diese scheinbar einfache Beobachtung trifft ins Zentrum des alten Weltbildes: Dieses folgt ästhetischen Gesichtspunkten, nämlich denen der vollendeten Form. Daraus werden dann in Bild 4 die aristotelischen Philosophen die Rechtfertigung für das alte Weltbild ableiten.

☞ siehe Szenenfoto S.92

Galilei stimmt Andreas Urteil zu und nimmt diese zum Anlass den Anbruch der neuen Zeit zu verkünden, auf welche die Menschen „seit hundert Jahren" warten. Sie wird die Menschen aus der Enge dieses Weltbildes befreien, dann wird bezweifelt werden, „was nie bezweifelt wurde", die Gestirne werden losgebunden von ihren Kristallschalen „im Freien schweben" und jeder Mensch wird sich selbst „als Mittelpunkt" in einem geräumigen Universum sehen können.

Die Lehrstunde wird fortgesetzt und Galilei bringt Andrea sehr anschaulich – gleichsam am eigenen Leibe – bei, wie die Sonne sich um die stillstehende Erde dreht. Andrea begreift Galileis Demonstration spontan und intuitiv, weil er keiner Denk-Tradition verpflichtet ist, sondern nur seinem Lehrer Galilei und seinem eigenen gesunden Menschenverstand.

Jedoch, Galileis Finanzen sind schlecht, seine geistigen und leiblichen Bedürfnisse übersteigen seine Einkünfte, der Milchmann kann nicht bezahlt werden. Zur Verbesserung seiner materiellen Lage sieht Galilei sich daher gezwungen, reiche, aber unbegabte Schüler anzunehmen, wie z.B. den jetzt erscheinenden jungen Adligen Ludovico, der sich - auf Geheiß seiner Mutter - etwas mit Mathematik beschäftigen will, schließlich gehört dies neuerdings zum guten Ton in den besseren Kreisen.
Ludovico - ein schon in jungen Jahren weitgereister Mann - berichtet Galilei von einer neuen Erfindung aus Holland: Einem „komischen Rohr" in einer Hülse mit zwei Linsen, welches alles größer erscheinen lasse. Galilei, sofort sehr aufmerksam, lässt sich die Konstruktion beschreiben.

☞ Szenenfoto S.94

Da erscheint Kurator Priuli, der Vermögensverwalter der Universität Padua. Galilei pumpt ihn sofort und ungeniert um Geld an, womit er dann Andrea zum Brillenmacher schickt um Linsen zu besorgen. Der Kurator teilt Galilei mit, dass die Universität ihm die gewünschte Gehaltserhöhung von 500 Skudi (jährlich) nicht genehmigt habe: „Mathematik ist eine brotlose Kunst ... nicht so nötig wie die Philosophie, noch so nützlich wie die Theologie" (16), Galilei hingegen will seine ganze Zeit nicht nur mit unterrichten

verbringen, er braucht Muße zum Forschen, denn: „Ich bin dumm. Ich verstehe rein gar nichts.“ (17) Dem setzt der Kurator entgegen, dass die Universität Padua zwar schlecht bezahle, dafür aber unter keiner kirchlichen Aufsicht stehe, so wie an manchen anderen Universitäten Italiens, wo „jeder beliebige, ungebildete Mönch der Inquisition Ihre Gedanken einfach verbieten kann.“ (18) Die Universität Padua hingegen schätzt ihren Mathematiker und lässt ihn frei arbeiten. Und wenn dabei auch noch eine Erfindung herauskommt, die nützliche ist und sich gut verkaufen lässt, so wird sich das auch für ihn auszahlen. Galilei: „Ich verstehe: freier Handel, freie Forschung. Freier Handel mit der Forschung, wie?“(18) Er stellt eine solche Erfindung in Aussicht, was den Kurator zufrieden davoneilen lässt.
Andrea kehrt mit den geforderten Linsen zurück und während Galilei an der Konstruktion eines Fernrohres arbeitet, mahnt er seinen jungen Schüler zu Vorsicht und Verschwiegenheit, denn bislang sei alles nur eine unbewiesene „Hypothese“, die „Fakten“ fehlten noch.

Themen:
- Die neue Zeit
- Die Freiheit der Forschung
- Der Mensch Galilei

Motive:
- Wer bezahlt den Milchmann? Genuss und Lebenslust des Galilei
- Aufbruch zu „neuen Küsten“: Die Seefahrt als Leitmotiv
- Das Sehen und der Augenschein: „Glotzen ist nicht sehen ... Schau genau hin.“ (S.11)
- Die Bedeutung des Zweifels

Arbeitsaufträge nach Beendigung der gemeinsamen Lektüre von Bild 1:

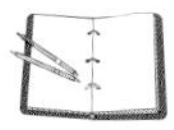

1. Unterrichtsgespräch: Die erste Szene als Exposition:
   - Was ist die Aufgabe einer Exposition?
   - Was alles erfährt der Zuschauer bereits in dieser Szene?

   Erwartungshorizont:
   - Ort: *Republik Padua*, an deren Universität Galileo Galilei Mathematik lehrt.
   - Personen: *Galilei*, 46; *Frau Sarti*, Galileis Haushälterin und deren junger Sohn, *Andrea*, 10; *Ludovico*, ein junge Adliger; *Priuli*, der Kurator der Universität Padua
   - Thematik: Das alte Weltbild des Ptolemäus und das neue des Kopernikus; Euphorie einer anbrechenden neuen Zeit; Die Lage der Wissenschaft in Venedig und in Florenz;
   - Konfliktpotentiale für die weitere Handlung; Warum ist die Wahrheit gefährlich? Freie Forschung oder gute Bezahlung?
   - und Fragen, die sich dem Zuschauer stellen müssen: Was geschieht mit dem Fernrohr? Wo kommt in Zukunft das Geld her? Wird Andrea Physiker? Was wird aus Ludovicos Unterricht? Woher kommen die „Fakten“ zur Stützung der „Hypothesen“? – usw.

2. Lesen Sie das Gespräch Galileis mit dem Kurator noch einmal durch und unterstreichen Sie (am besten mit zwei Farben), was darin über die Lage der Wissenschaftler in der Republik Venedig und am Hof von Florenz verhandelt wird.

Zusammenfassender Tafelanschrieb

Die Lage der Wissenschaft an der Schwelle zur neuen Zeit

VENEDIG	**FLORENZ**
freie Handelsstadt (Bürgerschaft)	Feudalstaat (Aristrokatie u. Kirche)
freie Wissenschaft	Abhängigkeit von der Kirche
Wissenschaft muss der Beförderung von Handel u. Handwerk dienen	Wissenschaft zum Ruhm der höfischen Macht
Wissenschaft als Geschäft (Verwertbarkeit)	als Prestige-Objekt
Wissenschaft frei, aber materielle Abhängigkeit des Forschers	Wissenschaft der herrschenden Ideologie unterworfen, aber materielle Großzügigkeit

3. Galileis Erscheinungsbild (in der Gruppe zu erarbeiten):
Wie haben wir uns Galilei nach der Lektüre des ersten Bildes vorzustellen? Greifen Sie eine Textstelle heraus, stellen Sie sich darin Galilei vor und liefern Sie eine Beschreibung seiner Person: Kopf, Körperbau und -haltung, Kleidung, Sprechweise.
Probieren Sie Körperhaltungen aus und stellen diese dar.
(Zum Vergleich s.u.: Brechts eigene Vorstellungen im Jahre 1946)

4. Sprachanalyse:
Lesen Sie die Rede Galileis über die „neue Zeit" noch einmal durch!
Achten Sie auf Besonderheiten in Galileis Sprache und Sprechweise!
Arbeiten Sie das Leitmotiv dieser Rede und seine Variationen heraus!

Kreativer Schreibanlass
Frau Sarti hat den jungen Herrn Ludovico aus dem vornehmen Hause Marsili hereingelassen und hofft nun, dass Galilei diesen als Privatschüler annimmt. Sie hat für einen Augenblick die Stube verlassen und als sie zurückkehrt, versucht Galilei den ihm wenig geeigneten Ludovico mit den Worten abzuwimmeln: „Sie könnten ebensogut eine tote Sprache wählen oder Theologie. Das ist leichter."

❍ Schreiben Sie in einem inneren Monolog, was der guten Frau Sarti in diesem Augenblick durch den Kopf schießt. Beachten Sie dabei,
   a) in welcher Lage sich der Galileische Haushalt befindet
   b) welche Rolle darin Frau Sarti spielen könnte und
   c) was sie von Galilei hält.

Zusatzmaterial aus Brechts Notizen und Anmerkungen:

Wie er den Galilei physisch gesehen haben möchte:

„... Wichtig, daß Du den Galilei nicht idealisierst. (Du weißt, Sterngucker, bleicher, vergeistigter Idealistentyp!) ... Bei mir ist es ein kräftiger Physiker mit Embonpoint, Sokratesgesicht, ein lärmender, vollsaftiger Mann mit Humor, der neue Physikertyp, irdisch, ein großer Lehrer. Lieblingshaltung: Bauch vorgestreckt, beide Hände auf beiden Arschbacken, Kopf zurück, mit der einen, fleischigen Hand dann immer gestikulierend, aber knapp, Kostüm nicht das Paradekostüm (außer bei Repräsentation), bequeme Hose bei der Arbeit, Hemdsärmel, oder (besonders am Schluß) lange, weißgelbe Kutte mit weiten Ärmeln, über dem Bauch mit einem Strick gegürtelt."

(Brief an Hans Thombrock 1940/41, Hecht S.43/44)

* *Embonpoint (fr. das oder der) - Wohlbeleibtheit, Körperfülle, (scherzhaft) dicker Bauch*

Brecht über die Bühnengestaltung:

„Für den ‚Galilei' dachte ich ebenfalls an eine Ausstattungsbühne. (Sagen wir, vorne rechts und links hohe schlanke Messing-Meßgeräte, im Hintergrund die Prospekte mit der Wiedergabe alter Stiche, die Vorgänge ganz plastisch und gestisch, in zeichenbaren Szenen ...)"

(Brief an den Bühnenbildner Caspar Neher, Dezember 1946, Hecht S. 45)

Brecht über seine Arbeit am ‚Galilei' in Beverly Hills 1947:

„Wir einigten uns über folgendes:

1. Die Bühnendekorationen sollen nicht so sein, daß das Publikum glaubt, sich in einer Stube des mittelalterlichen Italiens oder im Vatikan zu befinden. Das Publikum soll zur Überzeugung gebracht werden, es befinde sich in einem Theater.
2. Der Hintergrund soll mehr zeigen als die unmittelbare Umgebung Galileis; er soll in phantasievoller und artistisch reizvoller Art die historische Umgebung zeigen. Er soll dabei Hintergrund bleiben (...).
3. Möbel und Requisiten sollen realistisch sein (Türen gehören dazu) und vor allem sozial-historische Reize enthalten. Die Kostüme müssen individualisiert sein und die Merkmale des Getragenseins aufweisen. Die sozialen Unterschiede sind zu unterstreichen (...)
4. Die Gruppierungen der Personen müssen die Qualität historischer Gemälde haben."

(Aus dem Vorwort zu „Aufbau einer Rolle/Laughtons Galilei", Hecht S.83/84)

Erklärungen:

Zum Ptolemäischen bzw. Kopernikanischen Weltbild siehe die „Weltbilder" (Seite 44)

S.16 Kurator - Vermögensverwalter

S. 17 der Verbrannte - Giordano Bruno wurde 1592 in Venedig verhaftet, dort sechs Jahre lang eingekerkert, schließlich nach Rom ausgeliefert und dort 1600 verbrannt (siehe Materialienteil: Der ‚Fall Galilei')

S.19 Proportionalzirkel - mathematisches Hilfsgerät, Vorläufer des Rechenschiebers

S.20 Arsenal - hier: das Zeughaus von Venedig, damals führende technische Produktionsstätte, vornehmlich für Kriegszwecke

2. Bild: Wofür ein Fernrohr nützlich sein kann

Galilei überreicht der Republik Venedig eine neue Erfindung

Im großen Arsenal von Venedig am Hafen stellt Galilei den Ratsherren und dem Dogen geradezu marktschreierisch seine neue Erfindung, das Fernglas, als Ergebnis siebzehnjähriger Forschungsarbeit vor und erhält dafür die geforderte Gehaltserhöhung. Hierzu äußert sich der anwesende Ludovico, welcher den Betrug des Galilei sofort durchschaut hat: „... ich fange an, etwas von Wissenschaft zu verstehen." (S.26)

Die Ratsherren jedenfalls sind begeistert und erkennen sofort den praktischen Nutzen des Instrumentes, indem sie beginnen, ihre Nachbarschaft zu observieren.

Galilei aber - in Seitengesprächen mit seinem Astronomenfreund Sagredo - macht diesen auf einen ganz anderen, für ihn wesentlich wichtigeren Aspekt des Fernrohres aufmerksam: Er hat das Rohr nächtens auf den Sternenhimmel gerichtet und dabei Beobachtungen gemacht, durch die sich möglichkerweise „eine gewisse Lehre nachweisen" ließe. (S.25)

Thematik:

- Galilei: Der Schwindler und Wissenschaftler
- Die Nützlichkeit des Fernrohrs und deren Abhängigkeit von der jeweiligen Blickrichtung:
  Das Badezimmer der Nachbarin
  Die Schiffe der konkurrierenden Handelsmacht
  Die Weite des Sternenhimmels

Spielszene:
Zwei Reden vor den Ratsherren und der anwachsende Beifall
Inszenieren Sie in der Gruppe diese Ansprachen, bestimmen Sie die Rollen und die Requisiten.
Überlegen Sie, durch welche Verhaltensweisen oder Gesten Galileis Wissen über seine Hochstapelei darstellbar gemacht werden kann (für den Zuschauer, nicht für die Ratsherren!).
Überlegen Sie, wie die Selbstzufriedenheit des Kurators gestisch ausgedrückt werden kann.
Dosieren Sie den Beifall, lassen Sie sich zusätzliche, unterstützende Zuschauerreaktionen einfallen und gestalten Sie so eine Steigerung von höflicher Zurückhaltung bis hin zu frenetischem Applaus.

Schreibanlass:
Ludovico, im Hintergrund stehend, beobachtet Galileis Präsentation des mit gemischten Gefühlen.

❍ Er überlegt, was er davon halten soll und ob er Galilei sagen soll, was er davon hält. Geben Sie diese Überlegungen in einem inneren Monolog wieder.

Auf dem Weg von Venedig zurück nach Padua, in der Kutsche, unterhalten sich Ludovico und Virginia über das Vorgefallene. Ludovico ist verwirrt, Virginia versucht ihren Vater zu verteidigen.

❍ Schreiben Sie das Gespräch der beiden auf.
Bedenken Sie dabei,
welche Ansichten von den „Wissenschaften" Ludovico bisher hatte,
welchen Eindruck Galileis Schwindel auf ihn gemacht haben könnte,
und welches Interesse er zu diesem Zeitpunkt an Virginia hat.

Erklärung:
Die Figur des Wissenschaftler-Kollegen und Freundes Sagredo stammt aus Galileis „Dialog über die Weltsysteme", 1632 in italienischer Sprache in Florenz erschienen. In diesem Gespräch zwischen vier Gelehrten kommt einem Signore Giovan Francesco Sagredo die Rolle des Gesprächsführers zu.

3. Bild: Und wo ist Gott?

10. Januar 1610: Vermittels des Fernrohrs entdeckt Galilei am Himmel Erscheinungen, welche das Kopernikanische System beweisen. Von seinem Freund vor den möglichen Folgen seiner Forschungen gewarnt, bezeugt Galilei seinen Glauben an die menschliche Vernunft.

Im Studierzimmer des Galilei in Padua: Galilei und sein Freund Sagredo beobachten die Sterne durch das Fernrohr. Das Phänomen der unebenen Mondoberfläche führt zu dem Schluss, dass der Mond ein Stern ist wie die Erde auch, somit auch umgekehrt die Erde ein Stern wie der Mond. Sagredo erkennt die Problematik sofort: Der Widerspruch zu den Lehrmeinungen der hergebrachten Astronomie (S.27). Erst vor zehn Jahren wurde „ein Mensch in Rom" deswegen verbrannt: Giordano Bruno. Davon unbeirrt erklärt Galilei den Himmel jetzt für abgeschafft? Sagredos Reaktion: „Das ist furchtbar."(S.28)

Der Kurator der Universität erscheint aufgebracht, um sich bei Galilei bitter über dessen Betrug zu beklagen. Ein Schiff aus Holland hat gerade 500 dieser Rohre ausgeladen, dies führt zu Preisverfall und der Gewinn ist hin. Galilei rührt das wenig, ihn interessiert der Wert dieses Instruments „für den Handel" nicht, da doch sein Wert für die Philosophie „unermesslich" sei. Demgegenüber will der Kurator nur praktischen Nutzen gelten lassen: „Was hat Herr Galilei, der doch Mathematiker ist, mit der Philosophie zu schaffen?"(S.30) Galilei stellt genauere Sternkarten in Aussicht, das könnte der Schiffahrt doch „Millionen von Skudi ersparen."(S.30) Doch Priuli, moralisch zu entrüstet um darauf einzugehen, verlässt gekränkt das Haus.

Ungerührt davon konfrontiert Galilei Sagredo mit der nächsten Beobachtung: Den Jupitermonden. Gestern waren es noch vier, heute sind es nur drei, was bedeutet dies? Sie rechnen die ganze Nacht und kommen zu dem Ergebnis: Die Monde kreisen um den Jupiter, es kann also keine Kristallschalen als Stützen für die Sterne geben. Kopernikus hat recht!

Wo aber, fragt Sagredo, ist dann Gott? Galilei: „In uns oder nirgends!“(S.33) Sagredo mahnt: Genau dafür sei im Jahre 1600 Giordano Bruno verbrannt worden. Doch Galilei ist sich seiner Sache sicher: Bruno hat seine Thesen nur behauptet, er, Galilei kann sie aber beweisen. Er vertraut darauf, dass die „sanfte Gewalt der Vernunft“ die Menschen zur Anerkennung der neuen Wahrheit bringen wird. Früher oder später muss der Mensch der Macht der Beweise erliegen, denn Denken ist eines seiner größten Vergnügungen. (S.35)

Auf der Suche nach mehr Geld und Anerkennung plant Galilei, an den Hof von Florenz zu gehen. Seine Tochter Virginia ist darüber sehr erfreut, doch Sagredo warnt: Dort herrschen die Mönche. Galilei zeigt Sagredo den Brief, den er an den erst neunjährigen Großherzog von Florenz verfasst hat: Er ist in einem sehr unterwürfigen Ton gehalten, Galilei rechtfertigt diese Unterwürfigkeit mit dem Hinweis auf seine materiellen Bedürfnisse.

Thematik:
- Die Konsequenzen des neuen Weltbildes
- Der Mensch Galilei: Unbedingter Glaube an die Vernunft und unterwürfiger Briefschreiber

Zunächst ein Schreibanlass:
Galileis Brief an den neunjährigen Großherzog von Florenz.

❍ Formulieren Sie ein Bewerbungsschreiben, in welchem ein moderner Galilei seine wissenschaftlichen Qualifikationen und Verdienste vorstellt.
Überlegen Sie dabei, wie man heutzutage seinen Aufstiegswunsch und seine persönlichen Fähigkeiten „an den Mann bringt“?

Nachfolgend ein Arbeitsblatt, in welchem aus dem originalen Widmungsschreiben Galileis an den Großherzog Cosmo zitiert wird. ☞

Original und Brechtsche Aneignung

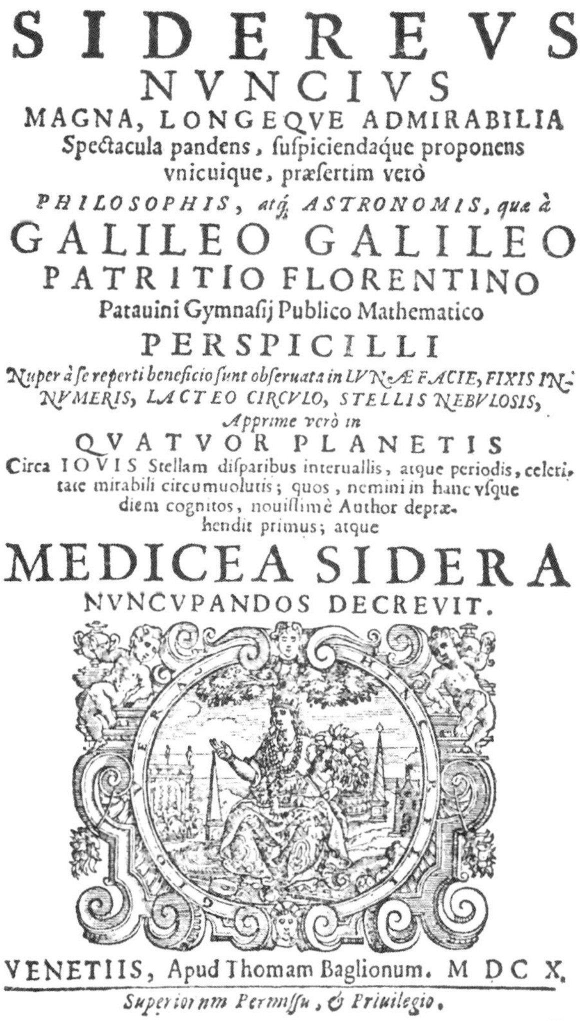
SIDEREVS
NVNCIVS
MAGNA, LONGEQVE ADMIRABILIA
Spectacula pandens, suspiciendaque proponens
vnicuique, præsertim verò
PHILOSOPHIS, atq; ASTRONOMIS, quæ à
GALILEO GALILEO
PATRITIO FLORENTINO
Patauini Gymnasij Publico Mathematico
PERSPICILLI
Nuper à se reperti beneficio sunt obseruata in LVNÆ FACIE, FIXIS INNVMERIS, LACTEO CIRCVLO, STELLIS NEBVLOSIS,
Apprime verò in
QVATVOR PLANETIS
Circa IOVIS Stellam disparibus interuallis, atque periodis, celeritate mirabili circumuolutis; quos, nemini in hanc vsque diem cognitos, nouissimè Author depræhendit primus; atque
MEDICEA SIDERA
NVNCVPANDOS DECREVIT.
VENETIIS, Apud Thomam Baglionum. M DC X.
Superiorum Permissu, & Priuilegio.

Eine der ersten Veröffentlichungen Galileo Galileis war das Buch ‚Sidereus Nuncius', Nachricht von den Sternen, erschienen im März 1610 in Venedig. Die Schrift behandelt Beobachtungen, „die kürzlich mit Hilfe eines neuartigen Augenglases gemacht wurden am Antlitz des Mondes, an der Milchstraße und den Nebelsternen, an unzähligen Fixsternen sowie an vier Planeten, Mediceische Gestirne genannt, die noch nie bisher gesehen wurden" (zitiert nach: G.G.: Sidereus Nuncius - Nachricht von neuen Sternen, hrsg. von Hans Blumenberg, Frankfurt 1980, S. 83) . Galilei widmet die Schrift und die ‚vier Planeten', bei denen es sich um die frisch entdeckten Jupitermonde handelt, „Seiner Durchlaucht Cosmo von Medici II. - IV. Großherzog von Toskana".

Nachfolgend ein Ausschnitt aus dem originalen Widmungsschreiben Galileis. Mit den darin erwähnten ‚Heroen' sind die griechisch-römischen Götter gemeint, nach denen die wichtigsten Gestirne benannt wurden: Mars, Merkur und Jupiter.

„Es war Gottes, des Allmächtigen Wille, daß ich von Euren durchlauchtigsten Eltern nicht für unwürdig befunden wurde, Eure Hoheit in den Lehren der Mathematik mit Fleiß zu unterweisen. Ich tat dies in den zuletzt verflossenen vier Jahren zu der Jahreszeit, wenn die ernsteren Beschäftigungen zu ruhen pflegen. Da es mir also offenbar durch Gottes Ratschluß zuteil wurde, Eurer Hoheit zu dienen, und ich deshalb die Wirkungen Eurer unglaublichen Gnade und Güte aus nächster Nähe erfuhr, wie ist es da verwunderlich, wenn mein Herz so entflammt ist, daß es beinahe Tag und Nacht auf nichts anderes denkt, als wie ich, der ich nicht nur mit dem Herzen, sondern auch durch Geburt und natürliche Herkunft unter Eurer Herrschaft stehe, mein großes Bemühen um Euren Ruhm und meine tiefe Dankbarkeit gegen Euch erkennbar machen könne? Aus diesem Grunde, und weil ich diese Sterne, die allen früheren Astronomen unbekannt waren, unter Eurer Obhut, durchlauchtigster Cosmo, entdeckt habe, besteht mein Entschluß vollkommen zu Recht, sie mit dem erhabenen Namen Eurer Familie zu benennen. Wenn ich sie als erster entdeckt habe, wer hat dann ein Recht, mich zu tadeln, wenn ich ihnen auch den Namen gebe und sie Mediceische Gestirne nenne, in der Hoffnung, daß diesen Gestirnen durch diese Benennung ebensoviel Ansehen zuwachsen möge, wie andere Sterne den anderen Heroen gebracht haben? Denn, großer Heros, um von Euren durchlauchtigsten Ahnen zu schweigen, von deren ewigem Ruhm die Denkmäler aller Epochen zeugen: Eure Tugend allein, kann jenen Sternen Unsterblichkeit des Namens geben."

Arbeitsaufträge:

1. Vergleichen Sie den Brechtschen Galilei-Brief mit dem historischen Widmungsschreiben hinsichtlich historischer Situation, Stil und Ton, sowie inhaltlicher Übereinstimmung.
2. Tragen Sie sich gegenseitig das Galileische Widmungsschreiben vor. Achten Sie zuvor auf die Satzstrukturen, markieren Sie zu betonende Textstellen, Atem- und Kunstpausen und denken Sie sich einige charakteristische Hand- und Körperbewegungen aus.

4. Bild: Unerwartete Widerstände

Galilei hat die Republik Venedig mit dem Florentiner Hof vertauscht. Seine Entdeckungen durch das Fernrohr stoßen in der dortigen Gelehrtenwelt auf Unglauben.

Im Haus des Galilei in Florenz bereitet Frau Sarti alles für den Empfang des Großherzogs von Florenz, Cosmo, vor, der durch das Fernrohr schauen soll, um die ihm gewidmeten Mediceischen Gestirne zu sehen. Der Großherzog kommt mit dem Großmarschall und zwei Hofdamen, allerdings ohne seinen Erzieher, der erkältet sein soll. Kurze Andeutungen im Verlaufe der Szene (S.42/43) legen den Schluss nahe, dass dessen Erkrankung etwas mit den Gerüchten von einem möglichen Pestausbruch in Florenz zu tun haben könnte.

Der Großherzog geht zunächst allein in Galileis Arbeitszimmer hoch, wo Andrea das Zimmer aufräumt. Andrea behandelt den Gast sehr herablassend, offensichtlich hat er von seinem Meister Galilei auch dessen intellektuelle Überheblichkeit übernommen.
Bild 3: Galilei zu seiner Tochter: „Es ist kein Spielzeug." (S.36);
Bild 4: Andrea zu Cosmo: „Das ist kein Spielzeug für Jungens." (S. 44)
Als Cosmo das Holzmodell des Ptolemäischen Weltsystems auf den Schoß nimmt, kann es Andrea nicht lassen, auch noch das andere, kopernikanische, hinter Karten hervorzukramen und zu zeigen. Cosmo möchte das Ptolemäische Modell nicht mehr hergeben, darüber kommt es zu Rangelei, wobei das alte Modell zu Bruch geht.

In der Zwischenzeit ist Galilei mit Gelehrten der Universität Florenz eingetroffen, man geht ins Arbeitszimmer, wo das Rohr steht, und Galilei versucht seinen Gästen die Ungereimtheiten des ptolemäischen Weltbildes zu verdeutlichen und weist demgegenüber auf seine Entdeckung der Jupitermonde hin, welche nun besichtigt werden sollen. Die Herren aber weigern sich durch das Fernrohr zu schauen und zwingen Galilei stattdessen einen Disput über die Unmöglichkeit und Unnötigkeit der Existenz dessen auf, was das Rohr zeigt.
Begründung: Das vom „göttlichen Aristoteles" entworfene Weltbild sei von solch vollkommener „Ordnung und Schönheit", dass ein anderes Modell dem nicht nachkommen könne.
Diesem philosophischen Argument versucht Galilei die Überzeugungskraft des Augenfälligen gegenüberzustellen und fordert erneut zu einem Blick durch das Fernrohr auf. Die Gelehrten aber wollen „Gründe" erfahren, die Galilei zu der Annahme bewegen, dass Sterne im Himmel sich frei bewegen sollen. Statt Begründungen zu geben, weist Galilei auf das Phänomen der Jupitermonde hin, deren Existenz wiederum von den Gelehrten für unmöglich erachtet wird. Selbst wenn das Fernrohr diese zeige, so könne das kein Beweis für deren Wirklichkeit sein.
Andrea wendet sich ab und sagt laut: „Sie sind dumm." (S.47)
Galileis letzter, demütiger Versuch, die Gelehrten zu einem Blick durch das Rohr zu bewegen, kann folglich nichts bewirken, führt aber auf eine neue Konfrontations-Ebene: Die der Autorität! Was wäre, so fragen sich die Philosophen, wenn die Autorität des Aristoteles in Frage gestellt wird? Galilei gibt die Antwort: Die Wissenschaft stünde vor dem Nichts und müsse in allem von vorne anfangen. Was aber für die Vertreter der herrschenden Weltbildes ein indiskutabler Gedanke ist („so scheint ... mir eine Fortsetzung überflüssig", S.48), für Galilei ist es eine unwiderstehliche Herausforderung, ein „Glück".

Während es den Gelehrten - hier erst andeutungsweise - um die Folgen dieser neuen Gedanken geht, nämlich die Gefahr von „celestialer“ Unordnung und Disharmonie, so behauptet Galilei zunächst kategorisch: „... als Wissenschaftler haben wir uns nicht zu fragen, wohin die Wahrheit uns führen mag.“ (S.49). In seinem nachfolgenden Gedankengang geht es jedoch genau um diese Folgen. Denn sobald der „Mann auf der Straße“ seine Augen aufmache und der neuen Fakten gewahr werde, so entstehe die Gefahr, dass nicht nur die Autorität des Aristoteles in Frage gestellt würde, sondern nach und nach immer weitere Zweifel an bisher „für unerschütterlich angesehene(n) Lehren“(49) aufkommen könnten.
Es ist folglich im Interesse der Herrschenden selbst, Ungereimtheiten aus dem Weg zu räumen und an „erschütterten Lehren“ nicht weiter festzuhalten. Und schließlich muss die neue Wissenschaft den Mut und die „hohe Neugierde“ aufbringen, sich in unbekannte, bisher ungedachte Gebiete vorzuwagen, so wie es die venezianischen Seeleute seit hundert Jahren getan haben.

Die Auseinandersetzung wird abgebrochen, der Hofmarschall drängt zum Aufbruch, damit der Großherzog vor dem Hofball noch etwas Ruhe finde. Galilei wird allerdings in Aussicht gestellt, dass man noch die Meinung des päpstlichen Hauptastronomen, Pater Christopher Clavius, einholen werde.

Thema:
- Alte vs. neue Wissenschaft und die Rolle des Fernrohrs

Motive:
- Glotzen oder Sehen?
  ☞ Welche Gründe sprechen dagegen, seinen Augen zu trauen (moderne Wahrnehmungspsychologie, Konstruktivismus)
- Die Autorität der Autoritäten, und das Lob des Zweifels
- Die Seefahrt als Metapher des Aufbruchs

Kreativer Schreibanlass:
Stellen wir uns vor, der Philosoph und der Mathematiker schauten doch noch durch das Fernrohr.
Wie würden sie sich anstellen?

❍ Was würden Sie sehen bzw. zu sehen vorgeben und wie würden Sie darüber sprechen? Verfassen Sie einen Dialog, in dem die Gelehrten Galilei des Schwindels bezichtigen und in welchem dieser sich zu rechtfertigen versucht.

Zusammenfassender Tafelanschrieb zur Wissenschaftsthematik (Bilder 1 bis 4)

WISSENSCHAFT und WELTBILD
oder
Warum die florentinischen Gelehrten nicht durchs Rohr sehen wollen

Alte ARISTOTELISCHE Wissenschaft	GALILEIS neue Wissenschaft

FÜR WEN?

Wissenschaft ist dem gemeinen Mann (z.B. Federzoni) nicht zugänglich	Wissenschaft muss die Fischmärkte und die Arsenale erreichen
ihre Sprache ist Latein	muss die Sprache des Volkes sprechen
verlangt formale Bildung, wie sie die Hochschule vermittelt	verlangt Neugier und Mut zum Aufbruch ins Unbekannte (z.B. die Seefahrt)
ist ein Privileg für wenige (z.B. den unbegabten Ludovico)	ist jedem vernünftigen Menschen einleuchtend (auch einem Kind wie Andrea)

DIE WELT

ist als Gottes Schöpfung im Wesentlichen bekannt	ist uns ein großes Rätsel („Unsere Unwissenheit ist unendlich“, S.49)

DAS BUCH DER NATUR

liegt aufgeschlagen vor uns, spricht die göttliche Sprache von Symmetrie und Harmonie(S.46)	muss noch entziffert werden und ist geschrieben in der Sprache der Mathematik

ERKENNTNISMETHODEN

Deduktion und Analogiebildung: die Wahrheit einer Aussage ist von der Autorität der Quelle abhängig, z.B. Bibel, Aristoteles; Geräte sind überflüssig, ja störend	alles Messbare messen, ständiges Experimentieren und Revidieren von Hypothesen; der Einsatz von technischen Apparaturen wird immer bedeutsamer

z.B. DAS FERNROHR

fügt dem Wissen nichts Neues hinzu, könnte sogar eine Quelle der Täuschung u. Verwirrung sein (da immer unvollkommen)	ist eine unschätzbare Quelle neuen Wissens, muss als Hilfsmittel ständig weiterentwickelt werden (Technik)

ZUSAMMENFASSUNG

die Welt ist so, wie sie ist, in Ordnung, weil in gottgewollter Harmonie, ihre Erkenntnis ist damit prinzipiell abgeschlossen	Prinzipielle Unabgeschlossenheit der Erkenntnis Abhängigkeit der Erkenntnis von den technischen Hilfsmitteln und deren Weiterentwicklung Neues Wissenschaftsparadigma: Experimentalphysik
die Stellung des Menschen im Kosmos und die Harmonie desselben sind unzweifelbare Wahrheiten	Das Bild der Welt ist einem ständigen Wandel unterworfen, so muss auch die Stellung des Menschen im Kosmos immer neu definiert werden

↓ **GESCHLOSSENES** ↓ **OFFENES**

WELTBILD

Sind die aristotelischen Gelehrten, so wie Andrea es ausdrückt, „dumm" (S.47)?

Es sollte meines Erachtens nicht der Eindruck zurückbleiben, als seien die Gelehrten, welche sich Galileis Ansinnen verschließen, einfach nur dumm oder dogmatisch. Deren Ansichten und Vorgehensweisen haben ihre eigene, im Rahmen der herrschenden Denkweise durchaus nachvollziehbare Logik, der schließlich auch Galilei entstammt.

Der kleine Sarti dagegen ist einzig durch die Schule des Galilei gegangen, kennt also nur die neue Denk- und Herangehensweise. Für ihn können die Einwände der Gelehrten in Bild 4 einfach nur dumm sein, wie auch alle anderen, welche nicht zum wissenden Kreis der Galilei-Jünger gehören, einfach nur dumm sein müssen: Cosmo, Virginia, der Papst, vielleicht sogar Galilei nach seinem Widerruf.
Andrea zeigt in seinem Verhalten die Intoleranz des Neubekehrten, der nur die eine Wahrheit, die neue, kennt. Sofern diese auch noch mit der absoluten Vater-Figur Galilei verknüpft ist, also auch auf eine Autoritätsperson gründet, muss es für ihn eine umso niederschmetterndere Erfahrung sein, als Galilei widerruft. Er reagiert darauf spontan körperlich: Er findet das zum Kotzen. Sarti verliert in dieser Situation sowohl seinen Vater als auch den Verstand, von nun an ist er mit seinem wertlosen Wissen und seinen gefährlichen Überzeugungen allein, er muss fliehen.
Für Galilei aber, der an die Macht der Vernunft glaubt, sind die widerspenstigen Gelehrten nicht dumm, sondern autoritätshörig. In mancher Hinsicht denken sie auch wieder ganzheitlicher, konsequenter als Galilei. Ihnen geht es nicht um die Existenz dieses oder jenes Gestirnes und seine Laufbahn, sondern um die Harmonie der Welt, oder vielleicht besser: um die innere Logik des herrschenden Weltbildes.
Andererseits jedoch sind sie in der Unerschütterlichkeit ihres Glaubens an den göttlichen Aristoteles intolerant und borniert. Sie verschließen sich konsequent jeglichem Zweifel an den bestehenden Verhältnissen. Dieser Typ Mensch wird leicht zum skrupellosen Helfershelfer der jeweils herrschenden Macht. Galilei spürt: Solche Gelehrten sind gefährlich!

Erklärungen:
S. 45 Aristoteles divini universum... - des Aristoteles göttliches Weltbild ...
S. 46 mystisch musizierende Sphären - aus der Antike übernommene Vorstellung von der Sphärenmusik, die entsteht, wenn die Kristallschalen, an denen die Fix-Sterne befestigt sind, sich bewegen
S. 50 Christopher Clavius - aus Deutschland stammender Jesuitenpater, Astronom am Collegium Romanum, der von Kardinal Bellarmin geleiteten päpstlichen Universität

WELTBILDER

„Das Weltbild des göttlichen Aristoteles mit seinen mystisch musizierenden Sphären und kristallenen Gewölben", dessen Harmonie der Philosoph in Bild 4 preist, unterschied zwischen einer irdischen und einer himmlischen Sphäre. In der irdischen wird die „Weltmaschine" (machina mundi) von einem „ersten Beweger" (primum mobile) jenseits der Kristallsphären in Gang gehalten. Die Maschine besteht aus zehn festen, sich gegeneinander drehenden Kugelschalen, an denen die Himmelskörper befestigt sind. Die Bewegung dieser Kugeln soll nach einer auf die Pythagoreer zurückgehenden Vorstellung unhörbare Töne erzeugen, Sphärenklänge, deren harmonische Proportionen sich in der für die Menschen hörbaren Musik wiederfinden. Im Zentrum ruht die Erde, bestehend aus den vier Elementen Erde, Wasser, Luft und Feuer.

Die „Wohnstatt Gottes und aller Auserwählten" (habitaculum dei et omnium electorum) ist eine christliche Ergänzung des aristotelischen Systems.

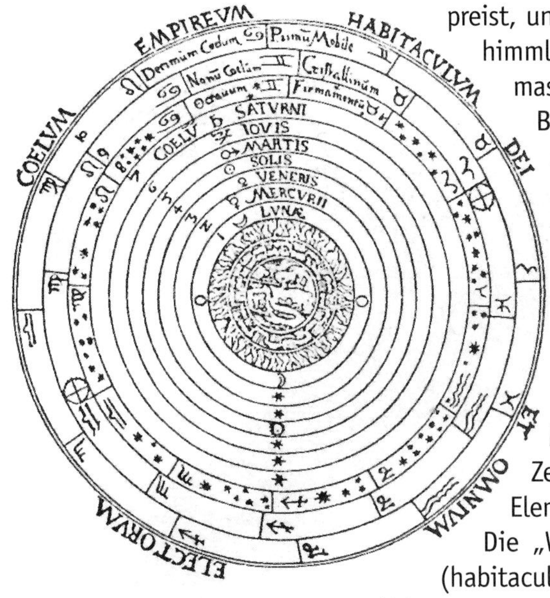

Andrea: „Das ist schön. Aber wir sind so eingekapselt."
Galilei: „Ja, das fühlte ich auch ... Einige fühlen das." (Bild 1)

Johannes Kepler geht in seinem Weltsystem aus dem 'Prodromus' von 1596 noch von der traditionellen Fixsternsphäre aus, an welcher alle weiteren Sterne, die Fixsterne, angeheftet sind. Ansonsten übernimmt er das Kopernikanische System. Demgegenüber vertrat Giordano Bruno damals bereits die Vorstellung von einem unendlichen Universum, in dem die Sterne nicht auf eine endliche Sphäre beschränkt sind.

Galilei:
„Was du siehst, ist, daß es keinen Unterschied zwischen Himmel und Erde gibt. Heute ist der 10. Januar 1610. Die Menschheit trägt in ihr Journal ein: Himmel abgeschafft."
Sagredo:
„Das ist furchtbar."
(Bild 3)

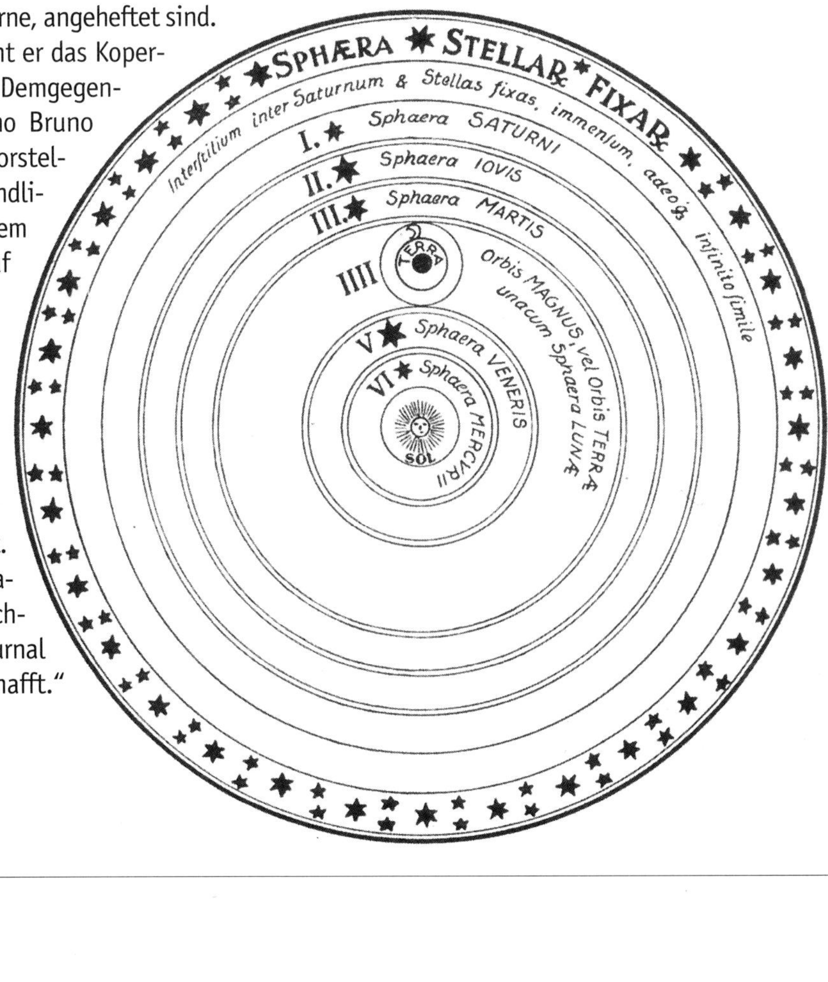

5. Bild: Pest, Wissensdurst und Aberglaube

Uneingeschüchtert durch die Pest setzt Galilei seine Forschungen fort.

a) Galileis Studierzimmer in Florenz:
In der Stadt wütet die Pest. Virginia überbringt Galilei und Frau Sarti die neuesten Nachrichten, man packt hastig zusammen, ein Lakai kündigt an, dass in zwei Minuten eine Kutsche des Großherzogs Galilei abholen werde. Galilei packt umständlich Fernrohr und Bücher ein, der Kutscher will nicht länger warten, er fährt mit „den Kindern" ab, Galilei und Frau Sarti bleiben zurück. Galilei will seine Arbeit nicht im Stich lassen:
„Ich ... muss Beweise für gewisse Behauptungen sammeln."
Frau Sarti: „... vernünftig ist es nicht." (S.53)

b) Vor Galileis Haus in Florenz:
Galilei, da seine Haushälterin weg ist, macht sich auf die Suche nach einem Milchmann. Er erfährt, dass Frau Sarti am Vortage auf der Straße zusammengebrochen sei. Soldaten schieben ihn, der nun unter Pestverdacht steht, in sein Haus zurück. Da erscheint der verheulte Andrea, der von der Kutsche abgesprungen und drei Tage lang zurückgelaufen ist. Zu seiner Mutter bei den Ursulinerinnen hat man ihn auch nicht mehr gelassen.
Galilei, wohl wissend, dass er am möglichen Sterben von Andreas Mutter mitschuldig ist, denkt nur an seine „Beweise", mit denen er Andrea auch sofort belästigt. Mehr noch, er schickt ihn noch einmal aus dem Haus, um aus der Schule eine Buch mit den Umlaufzeiten des Merkurs zu beschaffen.
Andrea – trotz allem – läuft los.

Thema: • Der Mensch Galilei
Motive: • Denken und Genießen: Wo bleibt die Milch!?
• Was ist vernünftig?
☞ Beweise für eine Hypothese sammeln?
☞ Sich und andere nicht in Gefahr bringen?
☞ Die Pest mit Krach vertreiben wollen?

Arbeitsauftrag: Galileis widerspruchsvoller Charakter (Zusammenfg. der Bilder 1–5)

Fragen vorweg:
- Was sind die herkömmlichen Vorstellungen vom ‚Wissenschaftler'?
- Welche Attribute werden ihm gerne zugeordnet?
- Nüchtern, asketisch, zerstreut, leidenschaftslos?
- Entspricht Galilei diesem Bild? Oder widerspricht er ihm?

Stichworte:
- Galilei denkt beim Waschen, Denken als Lust, Milch als Lebenselixier; seine geistigen und körperlichen Bedürfnisse lassen ihn zum Schwindler und Schnorrer werden.
- Rücksichtslos gegenüber seinen Mitmenschen: Tochter, Andrea und Frau Sarti.
- Unbedingter Glaube an die Vernunft der Menschen, aber fragwürdiges Wissenschaftsethos
- Bedingungslos hinsichtlich seines Wissensdurstes

Zusammenfassung

Zusammenfassender Tafelanschrieb

Galileo Galilei
als

FORSCHER
unstillbarer Erkenntnisdrang
bis zur Rücksichtslosigkeit,
Skrupellosigkeit
und
Weltfremdheit

↓

Streben nach Wahrheit

GENUSSMENSCH
abhängig von leiblichen Genüssen

schwacher Leib

Opportunismus

↓

Streben nach Lebensgenuss

↘ ↙

Gemeinsamkeit:
beide Seiten dieser Person sind beherrscht
von
Maßlosigkeit

↓

Vorausschau:
Ludovico zu Galilei:
„Sie werden immer der Sklave ihrer Leidenschaften sein."
(Bild 9)

Erklärungen:
S. 56 Ursulinerinnen - nach der Hl. Ursula benannte Genossenschaft von Frauen, die sich der Kranken- und Armenpflege widmete

6. Bild: Verkehrte Welt

1616: Das Collegium Romanum, Forschungsinstitut des Vatikans, bestätigt Galileis Entdeckungen.

Galilei wartet im Saal des Collegium Romanum in Rom auf das Ergebnis der Untersuchungen des Pater Clavius. Mönche, einige Gelehrte und ein dicker Prälat machen sich zunächst ziemlich ausgelassen über die verkehrte neue Welt - wenn es denn so wäre - lustig und torkeln haltlos im Raum.

☞ siehe Szenenfoto S.94

Zwei päpstliche Astronomen treten hinzu und entrüsten sich darüber, dass Clavius überhaupt und dann noch so lange „durch dieses Teufelsrohr ... glotzt“ (60). Zwar habe es seit 50 Jahren schon unerklärliche Erscheinungen am Himmel gegeben, z.B. Kometen, welche quer zu den Kristallschalen sich bewegten, aber „muss der Mensch alles verstehen“ und „Lügt die Schrift?“ -

Ein „sehr dünner Mönch“ bringt das Problem auf den Punkt: „Da ist kein Unterschied mehr zwischen Oben und Unten ...“ (60/1) Alles wäre in Unordnung, man lebte in einer verkehrten Welt, Menschen und Tiere wären bald nicht mehr zu unterscheiden ...

Diese Überlegungen setzt ein „sehr alter Kardinal“ fort: Der Mensch ist die Krone der Schöpfung und keine Randerscheinung. Darum sei Galilei ein „Feind des Menschengeschlechts!“ (61) Auf die Anwesenheit Galileis aufmerksam gemacht, schüttelt der hinfällige Greis seinen Begleiter ab, präsentiert sich gleichsam stellvertretend für das Menschengeschlecht als Mittelpunkt des Universums, auf dem das Auge Gottes mit Wohlgefallen ruht, und bricht erschöpft zusammen.

Die Paradoxie dieser Situation ist augenfällig: Die Krone der Schöpfung ist erschöpft, der alte Kardinal hat einen schwachen Stand, sein Halt in der Welt, an den er fest glaubt, ist verloren, sein Augenlicht ist schwach, er sieht nicht mehr gut, aber eines sieht er noch: Galileis Verdammnis.

Da erscheint Clavius, der Hauptastronom am Päpstlichen Kollegium, und verkündet in lapidaren Worten: „Es stimmt.“ (62) Ein kleiner Mönch aus der Untersuchungskommission wendet sich verstohlen an Galilei mit den Worten: „Sie haben gesiegt.“

Galilei: „Nicht ich, die Vernunft hat gesiegt.“ (63)

Im Hinausgehen sieht Galilei noch, wie ein Astronom den Kardinal Großinquisitor zum Fernrohr führt.

Thema: • Die neue Welt, eine verkehrte Welt!
Motive: • Sehen oder glotzen?
☞ Was sieht der päpstliche Astronom?
☞ Was sieht der alte Kardinal?

Arbeitsaufträge:

1. Untersuchen Sie die Szene und listen Sie die Ungereimtheiten und Verkehrungen auf, welche von den verschiedenen Kirchenvertretern angesprochen werden.
   - Wie reagiert Galilei darauf? (☞ der hinauffallende Stein!)
   - Was wissen wir heute über diese verkehrte Welt? (☞ Kometen; die Stellung des Menschen im Universum und im Tierreich; Gravitation, Evolution ...)

2. Erstellen Sie eine Liste der in dieser Szene auftretenden Personen und diskutieren Sie in der Gruppe über die eigenartigen Attributierungen dieser Personen: sehr dick, sehr dünn, sehr alt, klein.

3. Vergleichen Sie dieses Bild mit den vorhergehenden Bildern 1-5.
   Was ändert sich in Bezug
   a) auf den Ort der Handlung,
   b) die auftretenden Personen,
   c) die Behandlung von Galileis Thesen?

☞ Hinweis:
Zwischen Bild 5 und Bild 6 liegt ein struktureller Einschnitt.

- Ab Bild 6 wird die Problematik des kopernikanischen Weltmodelles in einer neuen Dimension und von einer neuen Perspektive aus behandelt: der kirchlichen!
- Der Schauplatz wechselt von Padua nach Rom, aus dem universitär-wissenschaftlichen Milieu in das Machtzentrum der damaligen Welt.
- Die Szene bevölkert sich nun mit Kirchenvertretern aller Arten und Ränge: Prälate, Mönche, Kardinäle und päpstliche Astronomen
- Galileis Gesprächspartner argumentieren von der Bibel her, der absoluten Autorität, es geht nicht mehr um Sterne und Sternenbahnen, sondern um das Seelenheil der Menschen.

Erklärung:
S. 60: principiis obsta - Wehre den Anfängen!
S. 62: Die Bestätigung der Entdeckungen Galileis durch das Collegium Romanum erfolgte bereits im Jahre 1611

Rekonstruktion des Messinstrumentes, das Galilei im Januar 1612 entwickelte. Dieses Instrument ist nicht erhalten geblieben und wird von Galilei nur kurz erwähnt, doch muß es nach den Angaben seines Schülers Borelli ein rundes Gitter gewesen sein, das an einem Stab befestigt war und mit einem Ring auf das Fernrohr gesetzt wurde. Mit einem Auge blickte Galilei durch das Fernrohr, mit dem anderen auf das Gitter, und die beiden Bilder überlagerten sich so, daß die beobachteten Himmelsregionen von einem Netz waagerechter und senkrechter Linien überzogen schienen. Das Gitter war drehbar befestigt und wurde so eingestellt, daß die waagerechten Gitterlinien parallel zur Bahnebene der vier Galileischen Monde lagen. Den Abstand zwischen Auge und Gitter stellte Galilei so ein, daß er den Jupiter zwischen den beiden senkrechten Gitterlinien rechts und links des Mittelpunktes sah (der Mittelpunkt war nicht, wie es auf der Zeichnung scheint, durch die Befestigung des Gitters verdeckt). Die Abstände zwischen zwei benachbarten Gitterlinien entsprachen dann einem Jupiterradius, und die Entfernungen der Monde ließen sich daher leicht in Einheiten des Jupiterradius angeben. Auf dem Fernrohr war eine Skala angebracht, deren Einheiten dem doppelten Gitterabstand entsprachen. Die Veränderung des Abstandes zwischen Auge und Gitter erlaubte es Galilei, die Positionen des Jupiter bei verschiedenen Messungen zu vergleichen. Die Kerze diente zur Beleuchtung des Gitters und ein Schirm verhinderte, daß Galilei geblendet wurde.
(Newtons Universum, Heidelberg 1990, S.88)

7. Bild: Roma locuta - causa finita? Rom hat gesprochen, ist der Fall jetzt erledigt?

Aber die Inquisition setzt die Kopernikanische Lehre auf den Index (5. März 1616)

Großer Ball im Palast des Kardinals Bellarmin zu Rom, der erste Karneval nach den Pestjahren. Galilei, der mit seiner Tochter und deren Verlobten Ludovico Marsili erscheint, wird mit Beifall empfangen. Er selbst ist hochgestimmt und zeigt zwei Schach spielenden Sekretären die moderne Spielweise des großräumigen Figurenziehens: „Nicht an den Küsten lang, einmal muß man ausfahren." (S.65)
(vgl. hierzu Bild 1 und die Seefahrer-Motivik)

Die Kardinäle Barberini und Bellarmin, mit Lamm- und Tauben-Masken, gesellen sich zu Galilei und fordern ihn zu einem Gedanken- und Zitatenduell heraus, in welchem sich Galilei als bibelbewandert und schlagfertig erweist. Die Kardinäle respektieren ihn und seine rasches Reaktionsvermögen, Barberini, selbst in Astronomie bewandert, weiß Galileis wachen Verstand sehr wohl zu schätzen und heißt ihn nach bestandenem Zitatenwettstreit herzlich willkommen. Das sich nun entwickelnde Gespräch kann in drei Phasen eingeteilt werden:
1. Während die Kardinäle sich mehr den Vergnügungen des Balles zuwenden wollen, besteht Galilei „auf einer ernsthaften Unterhaltung"(S.67) über Astronomie, göttliche und menschliche Vernunft:
Galilei: „Ich glaube an die Vernunft."
Barberini: „Ich halte die Vernunft für unzulänglich(...)"
Bellarmin: „Die Vernunft, mein Freund, reicht nicht sehr weit, Ringsum sehen wir nichts als Schiefheit, Verbrechen und Schwäche. Wo ist die Wahrheit?"
Galilei (zornig): „Ich glaube an die Vernunft."(S.68)

2. Die Unterhaltung wird ernsthafter. Beispiel für die fragwürdige Vernunft dieser feudalen Welt ist die Knechtschaft der „Bauern in der Campagna", die ihren rohen Peinigern noch die Füße küssen (Bellarmin). Die Aufgabe der Kirche sei es darum, in diese „abscheuliche" Welt Sinn zu bringen und das habe sie viel Mühe gekostet. Hierzu habe man einem höheres Wesen und dessen großem Plan die Verantwortung „zugeschoben" (Bellarmin). Die Glaubwürdigkeit dieser Sinn-Konstruktion basiert auf der absoluten Autorität der Bibel bzw. derer, die darüber befinden, „wie die Bibel aufzufassen ist."(69)

3. Und jetzt wird es offiziell: Galilei erfährt den neuesten Beschluss des Heiligen Offiziums wider das Kopernikanische Weltbild, welches als „töricht, absurd und ketzerisch" verurteilt wird.

☞ siehe Szenenfoto S.93

Galilei stürzt aus seinem bisherigen Hochgefühl hinab in tiefe Verwirrung: „Aber die Tatsachen?"
Galilei muss erkennen, dass seine fieberhaft und unter Gefahren gewonnenen Beweise (Bild 5) im Kontext kirchlicher Wahrheitsfindung überhaupt nicht von Bedeutung sind. Von nun an geht es nicht mehr um astronomische Fakten, sondern um Autoritätssicherung.
Es wird ihm freigestellt, die neue Lehre in „Form der mathematischen Hypothese" zu behandeln. Damit ist die Sache beendet (causa finita) und Barberini und Bellarmin ziehen den niedergeschlagenen Galilei gutgelaunt in das Festgetümmel, während die zwei Sekretäre die letzten Sätze der mitbelauschten Unterhaltung protokollieren und dem Kardinal Inquisitor Bericht erstatten.

Zum Abschluss der Szene verwickelt der Inquisitor Galileis Tochter Virginia in ein etwas einseitiges Gespräch, in welchem er sich in sehr doppeldeutiger Weise über das neue Weltbild und dessen Gefahren für seinen Vertreter Galilei auslässt, der schüchternen, vor Ehrfurcht fast sprachlosen Virginia den Namen ihres Beichtvaters entlockt und sie schließlich zur fürsorglichen Pflege bzw. Überwachung ihres Vaters auffordert.

Thema:	• Vernunft, Wahrheit und Sinn in der Welt, verhandelt am Beispiel der Bauern in der Campagna
Motive:	• Seefahrt: Aufbruch zu neuen Küsten • Denken und Leben in neuen Dimensionen • Verkehrte Welt: ☞ Galilei, der Gläubige ☞ die Kardinäle als Zweifler

☞ Der Zuschauer lernt Galilei in diesem Bild als bibelfesten und gläubigen Katholiken kennen und die höchsten Vertreter der Kirche als moderne, aufgeklärte Denker. Mehr noch: Galilei kommt unmaskiert zum Maskenball und präsentiert sich als gläubiger und bibelfester Katholik, während die Kardinäle - als Unschuldstauben und Lämmer verkleidet – sich geradezu verwegen-ketzerische Ansichten über Gott und die Welt leisten: „Wenn es keinen Gott gäbe, müßte man ihn erfinden."(S.70)

Arbeitsaufträge:

1. Gesprächsanalyse:
   Analysieren Sie das Gespräch Galileis mit den Kardinälen nach folgenden Fragestellungen:
   a) In welchem Kontext des Stückes steht es (Strukturelle Einbettung)?
   b) In welcher Situation findet es statt und in welcher Weise prägt diese den Gesprächston? (Szenische Einbettung)
   c) In welchen Schritten bzw. Abschnitten verläuft es und was charakterisiert jeweils die Thematik des Abschnittes? (Gedankliche Entwicklung)
   d) Wie lassen sich die Sprechweisen der Protagonisten charakterisieren? (Sprache)
   e) Welche Fragen bleiben nach diesem Gespräch offen? (Antizipation der weiteren Handlung)
   f) Welchen Eindruck von den Protagonisten soll - Ihrer Ansicht nach - beim Zuschauer erweckt werden?

2. Untersuchen Sie den Dialog zwischen den Kardinälen und Galilei und das Gespräch des Inquisitors mit Virginia. Beide Male geht es „ironisch" zu. Arbeiten Sie heraus, welche Formen von Ironie hier vorliegen und bewerten Sie deren moralische Zulässigkeit.

Hinweis:
Erscheinungsformen von Ironie:

IRONIE kann definiert werden als eine Art der Verstellung: Das Gesagte ist nicht wörtlich zu nehmen, vielmehr stehen Gemeintes und Gesagtes in einem indirekten Verhältnis zueinander. Ironie kann verstanden werden.

a) als intellektuelles Kampfspiel unter Gleichwertigen, welche die Diskrepanz zwischen Gesagtem und Gemeintem durchschauen.
b) Sie kann auch die Sprache des „Sklaven" sein, des politisch entrechteten, aber intellektuell und moralisch überlegenen Untertans, der gut daran tut, nicht alles beim Namen zu nennen.
c) Und schließlich kann Ironie auch als unangenehme Erscheinungsform von Überheblichkeit, als verletztende Demonstration von Unangreifbarkeit und geistiger Überlegenheit erlebt werden.

Die folgende, sehr schöne Darstellung des Ironischen findet sich in einem Buch über Sokrates, verfasst von dem Theologen und Philosophen Romano Guardini:
„Was tut ein Mensch, wenn er gegen den anderen ironisch wird? Er bringt ihn in ein fragwürdiges Licht. Das könnte er auch ohne Ironie tun. Er könnte auch direkt etwas sagen, was den Angegriffenen komisch sonderbar oder komisch erscheinen ließe. Doch würde das verraten, daß er plump ist und ihm nichts Gutes einfällt; die Ironie hingegen ist geistreich. Im direkten Angriff wäre noch ein anderer Nachteil. Wer ihn führte, wäre in die Situation verfangen; der Ironiker hingegen steht in ihr und zugleich über ihr. Sein Angriff zeigt ihn frei und überlegen. So sagt er Anerkennendes, aber in einer Weise, daß dabei Ungünstiges zum Vorschein kommt; er stimmt zu und unterstreicht dadurch den Widerspruch nur umso stärker; er tut harmlos und verwundet umso sicherer."(Romano Guardini: Der Tode des Sokrates, Rowohlt 1959 S.16/17)

Vgl. auch zu beiden Aufgabenstellungen das Kapitel: „Figuren, Sozialer Gestus: Flache und widersprüchliche Charaktere" im Materialienteil C.

Erklärungen:
S. 66 Barberini - Kardinal Carlo Maffeo Barberini, anerkannter Wissenschaftler und Dichter, der spätere Papst Urban VIII. (1623); Galilei war mit ihm seit 1611 bekannt, es bestand gegenseitige Wertschätzung
Bellarmin - Roberto Bellarmin, Kardinal, Rektor und Leiter des Collegium Romanum, der von Jesuiten geleiteten päpstlichen Universität
S. 69 das Heilige Offizium - die Kardinalskongregation (oberste Gerichtsbehörde) der Inquisition an der römischen Kurie
das Dekret - Verordnung, behördliche richterliche Verfügung; bezieht sich hier auf eine amtliche Verfügung der Kardinalskongregation vom 3. März 1616, wodurch Kenntnisnahme, Besitz und Verbreitung der wissenschaftlichen Schriften von Nikolaus Kopernikus unter Strafe gestellt werden.

8. Bild: Die Campagna-Bauern

Ein Gespräch

Im Palast des Florentinischen Gesandten in Rom. Der „kleine Mönch" (siehe Bild 6) aus der päpstlichen Untersuchungskommission versucht Galilei zu erklären, warum er – obwohl selbst Astronom und Mathematiker – das päpstliche Dekret gegen die „gewisse Lehre" für weise hält.

Er geht von seiner persönlichen Herkunft als Sohn von Bauern in der Campagna aus. Deren Leben ist schwer, sie leben ärmlich und arbeiten doch ihr Leben lang äußerst hart. Ihr Unglück zu ertragen ist ihnen nur möglich durch das Wissen um eine höhere Ordnung, sei es die des Naturkreislaufes von Säen und Ernten, von Zeugen und Gebären, oder die universelle Ordnung, innerhalb derer ihnen eine Rolle zugewiesen wurde, in der sie sich zu bewähren haben. Was wäre, wenn dieses tröstende, stärkende Bewusstsein einer höherer Ordnung wegfiele? Wenn die Heilige Schrift dieses Elend nicht mehr erklären und „als notwendig begründen" (S.76) könnte? Die Menschen wären ohne Lebenssinn!

Galilei stimmt dieser Zuspitzung der Problemstellung zu: „Sie haben recht, es handelt sich nicht um die Planeten, sondern um die Campagnabauern."(S.77) Warum aber (diese Warum-Frage wird dreimal gestellt) müssen diese Bauern das Elend aushalten, warum brauchen sie diese überlebenssichernden Durchhalte-„Tugenden"? Damit „der Stuhl Petri im Mittelpunkt der Erde stehen kann!" (S.77) Tugenden, die aus der Not geboren sind, sind abzulehnen, wenn es die Möglichkeiten gibt, diese Not zu beseitigen. Und die neue Wissenschaft kann das.

vgl. Bild 13: Tugenden und Heldentum

Hier appelliert Galilei an den Physiker im kleinen Mönch, an dessen Vollständigkeits-Bedürfnis und Neugierde: Die ganze Wahrheit muss studiert werden, nicht nur die Bewegungsgesetze von arbeitserleichternden Wasserpumpen, sondern auch Bewegungsgesetze der Gestirne. Das fordert schon der „Schönheitssinn" (S.78) des Physikers.

Und schließlich: Weil die jeweils herrschende Wahrheit die Wahrheit der Herrschenden ist, so stellt sich hier auch zwangsläufig die Machtfrage: „Es setzt sich nur soviel Wahrheit durch, als wir durchsetzen. (...) Zum Teufel. ich sehe die göttliche Geduld ihrer Leute, aber wo ist der göttliche Zorn?"

An dieser Stelle endet der Disput und Galilei wirft dem Mönch seine Abhandlung über die Gezeiten hin mit der paradoxen Aufforderung, diese nicht zu lesen. Der Köder wirkt, die Neugier des Physikers ist geweckt, der Mönch vertieft sich augenblicklich in die Lektüre. Galilei beobachtet und kommentiert dies mit Worten, die auch für ihn selber gelten: „Ein Apfel vom Baum der Erkenntnis! Er stopft ihn schon hinein. Er ist verdammt, aber er muss ... "(S.78)

Thema:
- Die Campagna-Bauern, der Sinn des Lebens, die herrschende Wahrheit und der Nutzen der Wissenschaft.
- Was für ein Mensch ist ein Physiker?

Arbeitsaufträge:
Erörterung:

1. Geben Sie die Argumentation des kleinen Mönchs in konzentrierter Fassung wieder. Nehmen Sie zu seiner These Stellung. Berücksichtigen Sie dabei Galileis Gegenposition.

2. Beschreiben Sie:
   Wer oder was ist - nach Galileis hoher Meinung - ein „Physiker"?
   - Womit beschäftigt er sich?
   - Wie betrachtet er die Welt?
   - Welche Tugenden zeichnen ihn aus?
   - Was sind die Schattenseiten dieses Physiker-Bildes? (S.79)
   - Vergleichen Sie mit folgender Stelle in Bild 3:
     Sagredo: „Und wo ist also Gott?"
     Galilei: „Bin ich Theologe? Ich bin Mathematiker."
     Sagredo: „Vor allem bist du ein Mensch. Und ich frage dich, wo ist Gott in deinem Weltsystem?"
     Galilei: „In uns oder nirgends." (33)

Schreibanlass: Was ist und wie funktioniert ein „Physiker"?

❍ Erarbeiten Sie einen Fragenkatalog für ein Interview mit Ihrem Physik-Lehrer

Erklärungen:

S. 77 Cellini-Uhr - Benvenuto Cellini, berühmter florentinischer Bildhauer und Goldschmied

S. 78: Priap - Standbild eines aus Kleinasien stammenden Fruchtbarkeitsgottes, beliebte römische Gartenzier

ebd. Esquilinische Gärten - kunstvolle Gärten auf einem der sieben Hügel Roms

Hinter verschlossenen Türen – Ein Rollenspiel

Rollenspiel

Wie könnte der Beschluss des Hl. Offiziums zustandegekommen sein? Denken wir uns die Entscheidungsfindung als modernen Diskussionsprozess unter gleichberechtigten Partnern. Historische Stimmigkeit soll hier nicht so sehr interessieren, wichtiger ist der aktive Nachvollzug von Argumenten und Positionen. Die Schüler sind angehalten, Textstellen genauer zu lesen und sich mit einer vielleicht ungeliebten Rolle zu identifizieren.
Zunächst gilt es, fünf Gruppen zu bilden, denen jeweils ein Charakter zugeordnet wird:

✂

1. Pater Clavius:
Als geladener Experte vertritt er die reine Astronomie, bestätigt Galileis Beobachtungen und versteht durchaus dessen Schlussfolgerungen.
(Bezug: Bild 3 und Bild 4)

✂

2. Der kleine Mönch:
Als Clavius Assistent und einfacher Bauernsohn vermag er sein Hin- und Hergerissensein nicht zu verleugnen: Er schwankt zwischen seiner Ausbildung und seiner Herkunft.
(Bezug: Bild 8)

✂

3. Der sehr alte Kardinal:
Als Dogmatiker hält er die Aussagen der Bibel für die einzig mögliche Wahrheit.
(Bezug: Bild 6, Argumente aus Bild 4 können berücksichtigt werden)

✂

4. Barberini, der Kardinal und Bewunderer Galileis:
Er verkörpert den aufgeklärten Kleriker, der die größeren Zusammenhänge und vor allem den Herrschaftsanspruch der Kirche im Auge hat.
(Bezug: Bild 7)

✂

5. Der Inquisitor:
Als oberster Chef eines global agierenden Sicherheitsdienstes ist er mit besonderer Wachsamkeit und Schärfe auf Machterhalt bedacht.
(Bezug: Bild 7, ein Vorgriff auf Bild 12 ist möglich)

Die Gesprächsleitung hat Kardinal Bellarmin, Rektor der päpstlichen Universität. Denkbar ist auch die Anwesenheit des Papstes selbst. Er greift jedoch nicht ein, sondern verkörpert wortlos Würde und Autorität, so dass sich die Redner immer - wenn auch unbewusst - an ihn wenden.

Jede Gruppe muss nun in etwa 20 Minuten die Position und Argumentation ihres Charakters schriftlich ausarbeiten und aus ihrer Mitte eine(n) Mitschüler(in) auswählen, die(der) in den Disput geschickt wird.
Die zentrale und schwierige Rolle des Gesprächsleiters Bellarmin übernimmt ein(e) dafür geeignete(r) Schüler(in): Er bzw. sie braucht besonders genaue Instruktionen, ein Assistent könnte nützlich sein (Rednerliste, Zeiteinteilung):

Aufgabe der Gesprächsleitung:
a) Die einleitenden Worte sprechen:
(„Werte Anwesende, wir haben uns heute versammelt, um ...") und anschließend
b) die Problemlage umreißen:
(„Die Situation, in der wir uns befinden, ist eine komplizierte, denn ...").
c) Die Disputanten dürfen sich dann reihum äußern, bevor sie aufeinander Bezug nehmend in die Diskussion einsteigen. Hier gilt es eine Rednerliste zu führen oder die Teilnehmer zu Reaktionen herauszufordern.
d) Schließlich muss die Diskussion in die bekannte Entscheidung münden, diese sollte als Kompromiss von allen Beteiligten – wenn auch zum Teil unter Protest oder mit Vorbehalten – akzeptiert werden.
e) Die Gesprächsleitung dankt den Anwesenden für ihre guten, engagierten, verantwortungsbewussten, kompetenten, ehrlichen etc. Beiträge, sie drückt die Überzeugung aus, dass hiermit ein für alle Seiten vertretbarer Kompromiss gefunden worden sei und hofft, dass ... usw. usf.

Die Nachbesprechung sollte unter folgender Fragestellung stehen:
Wie haben sich die Teilnehmer gefühlt? Fiel es sehr schwer, diese Rolle einzunehmen? Ist die herbeigeführte Entscheidung zu akzeptieren oder war es ein fauler Kompromiss? Könnte sich dies historisch wirklich so abgespielt haben? Inwiefern ja, inwiefern nein?

Hinweis:
Die Dokumentation der Diskussion per Video-Kamera kann aus folgenden Gründen sehr sinnvoll sein:
1. Ihr Einsatz gibt dem Spiel eine größere Ernsthaftigkeit und veranlasst die Schüler erfahrungsgemäß zu mehr Konzentration;
2. damit ist eine Grundlage für die Nachbesprechung gegeben und
3. noch mehr Schüler werden mit einem speziellen Arbeitsauftrag versehen und in ihrer technischen Kompetenz ernst genommen.

9. Bild: Neuer Papst, neue Hoffnung, neuer Anfang

Nach achtjährigem Schweigen wird Galilei durch die Thronbesteigung eines neuen Papstes, der selbst Wissenschaftler ist, ermutigt, seine Forschungen auf dem verbotenen Feld wieder aufzunehmen. Die Sonnenflecken.

Galilei, seine Schüler Andrea, der kleine Mönch und der Linsenschleifer Federzoni beschäftigen sich experimentell mit den Theorien des Aristoteles über schwimmende Körper. Filippo Mucius, ein ehemaliger Schüler Galileis, welcher sich für seinen wissenschaftlichen Opportunismus rechtfertigen möchte, wird von diesem mit den Worten hinausgeworfen: „Wer die Wahrheit nicht weiß, der ist bloß ein Dummkopf. Aber wer sie weiß und sie eine Lüge nennt, der ist ein Verbrecher." (S.81)

☞ siehe Szenenfotos S.93

Frau Sarti und Virginia unterhalten sich über die bevorstehende Hochzeit mit Ludovico Marsili und es stellt sich heraus, dass Virginia einen „richtigen Astronomen" aufgesucht hat, um sich ein Horoskop ausstellen zu lassen.

Der Rektor der Universität Padua bringt Galilei ein neues Buch über das Phänomen der Sonnenflecken, welches die Fachwelt neuerdings beschäftigt. Überall im Ausland wird mit Hypothesen gehandelt, aus ganz Europa wird Galilei um seine Meinung angefragt, Andrea hat heimlich schon eine Konstruktion zur Beobachtung der Flecken gebaut, doch Galilei schweigt: Er will sein Gelöbnis nicht brechen, denn er will auch nicht verbrannt werden. Besteht ein Zusammenhang zwischen den Sonnenflecken und der Lehre des Kopernikus?
Sie wenden sich wieder ihren Studien zu und Galilei widerlegt experimentell die Schlussfolgerungen des Aristoteles über die Physik schwimmender Körper.

Ludovico, Virginias Bräutigam, kehrt von einer langen Reise zurück. Er hat Neuigkeiten aus Rom: Papst Gregor XV. liege im Sterben, Barberini werde wohl als sein Nachfolger gewählt werden. Galilei horcht auf, ein Wissenschaftler als Papst, die „Dinge kommen in Bewegung" (S.89). Er wendet sich sofort dem Phänomen der Sonnenflecken zu, die „Erde-um-die-Sonne-Sache"(S.89) geht wieder los!

Ludovico dagegen sieht die Geschäftigkeit, welche seine Nachricht ausgelöst hat, mit Unbehagen und gibt zu bedenken, dass er als Grundherr es sich nicht leisten könne, eine Frau zu ehelichen, deren Vater „die heiligen Doktrinen der Kirche" öffentlich missachte (S.91). Dies gefährde Zucht und Ordnung, denn, so Ludovico, die Bauern in der Campagne seien „wirkliche Tiere", die jedem Aberglauben nachlaufen und unter ständiger Aufsicht gehalten werden müssen.

Nie zuvor im Stück ist das Verhältnis von Wahrheit und Macht so direkt hergestellt worden wie an dieser Stelle. Ging es in Bild 8 noch um den Sinn des Lebens angesichts von Arbeit und Not, so geht es jetzt um das Arbeitstier Mensch und seine Ausbeutbarkeit durch Unwissenheit. Die Herren auf den Gütern, so Galilei, hätten allen Grund, sich vor neuen Welten zu fürchten, denn das Volk wünsche zu erfahren, „was die Ursachen der Dinge sind."

Der Ton wird schärfer, die Feindseligkeit zwischen den Männern wächst. Galilei provoziert Ludovico, indem er zum einen den Aufbau des Teleskopes vorantreibt („Du hältst mich auf") und zum anderen Ludovico persönlich die brutale Unterdrückung des Landvolkes („Ihr peitscht nicht nur Hunde") unterstellt. In seinem Gegenüber sieht er nun nicht mehr den Menschen namens Ludovico, seinen möglichen Schwiegersohn, sondern nur noch den Repräsentanten von Herrschaft und Ausbeutung: „Marsili".
Galileis Handeln – auch wenn er in der Sache Recht haben mag – ist das eines Süchtigen: Besessen von einem einzigen Gedanken („Ich muß es wissen.") verliert er das Verantwortungsgefühl für seine Mitmenschen und zerstört bedenkenlos die Zukunft seiner Tochter. Frau Sarti , in dieser Hinsicht Galileis eigentlicher Gegenpol, hat es zuvor schon ausgesprochen: „...zwei Tage Experimente, und es ist so schlimm mit dir wie je." (S.90)

Ohne sich von Virginia zu verabschieden verlässt Ludovico das Haus:
„Sie werden für immer der Sklave ihrer Leidenschaften sein." (S.92)
Während Galilei nun im Entdeckungsrausch seine wissenschaftliche Methode zur Untersuchung der Sonnenflecken darlegt, erscheint Virginia im Brautkleid, begreift die Situation und fällt in Ohnmacht.

Thema:
- Die Bauern in der Campagna
- Galilei: Mensch und Physiker (siehe Tafelanschrieb zu Bild 5)

Motive:
- Verkehrte Welt:
  ☞ Schwimmendes Eisen
  ☞ Das Tier Mensch - die Krone der Schöpfung
- Sehen oder Glotzen

Arbeitsaufträge:
1. Untersuchen und vergleichen Sie, wie in den Szenen 7, 8 und 9 über die Bauern in der Campagna gesprochen wird.
   Ziehen Sie dabei in Betracht, aus wessen Perspcktive dies geschieht und arbeiten Sie die Veränderungen in der Diskussion dieser Thematik heraus.

Lösungshinweis:
Bild 7 Die Kardinäle:
aufgeklärte Kirchenfürsten - abstrakt; ☞ Sinnsetzungen in einer „abscheulichen Welt"
Bild 8 Der kleine Mönch:
Ein Betroffener - einfühlsam; ☞ Der Seelenfrieden der armen Menschen
Bild 9 Ludovico:
Ein Großgrundbesitzer - herablassend; ☞ Die Ausbeutbarkeit von Arbeitstieren

Die Thematik spitzt sich immer stärker auf die Frage von Herrschaft und Ausbeutung zu. In Ludovicos Welt wird die Ideologie praktisch, das Weltbild zum Instrument der Herrschaft, ohne die höheren Weihen des christlichen Menschenbildes: Nicht mehr die „Krone der Schöpfung", sondern das Tier Mensch.

2. Beschreiben Sie Galileis wissenschaftliche Arbeitsmethode in maximal sieben Imperativen. (S.93)

Lösungshinweis:

- Finde heraus, ob du bisher recht gehabt hast!
- Stelle alles noch einmal in Frage!
- Schließe nichts aus!
- Lasse alle Hoffnung fahren ...!
- Übereile nichts!
- Versuche zunächst „unerbittlich", die herrschende Hypothese zu bewahrheiten (☞ verifizieren)
- Erst dann widerlege sie mit allen Mitteln!
- Sei gnadenlos (mit dir und den anderen)!

3. Charakterisieren Sie in wenigen Sätzen Galileis wissenschaftliche Moral und konfrontieren Sie diese mit seinem Verhalten als Vater.

Zusammen fassender Tafelanschrieb: (Bilder 7-9)

Vom alten und vom neuen Sinn in der Welt

AUFGEKLÄRTE KIRCHE — GALILEI

Demonstrationsobjekt:
die Campagnabauern

Grundfrage:
Wofür lebt der Mensch?
Was schafft Sinn u. Ordnung in der Welt

AUFGEKLÄRTE KIRCHE	GALILEI
Gottes großer Plan	die allgemeine Vernunft
Mensch als Mittelpunkt des Universums	Zweifel an der bestehenden Ordnung
Seelenfrieden der Unglücklichen	göttlicher Zorn des Volkes

Zusammenfassung:

Nicht Wahrheit, sondern der status quo ist wesent-	Wahrheit allein zählt, auch wenn sie Opfer ver-
eine unveränderliche Welt ⟷	eine veränderbare Welt

10. Bild: Der Erde-um-die-Sonne-Zirkus

Im folgenden Jahrzehnt findet Galileis Lehre beim Volk Verbreitung. Pamphletisten und Balladensänger greifen überall die neuen Ideen auf. Während der Fastnacht 1632 wählen viele Städte Italiens als Thema der Fastnachtsumzüge der Gilden die Astronomie.

Auf einem Marktplatz tritt „ein halbverhungertes Schaustellerpaar" auf, die zuschauende Menge wartet auf den Fastnachtsumzug. Die Bänkelsang-Vorführung des Mannes und seiner Frau („Weib") entwerfen eine Art satirisches Zukunfts-Szenarium: Was wäre, wenn die Erde sich – wie der „gelehrte Doktor Galileo Galilei" es behauptet – um die Sonne drehte: Die soziale Welt wäre auf den Kopf gestellt.

Inhaltlicher Hergang der Darbietung:
1. Gott schuf die Welt so, dass sich das Niedere um das Höhere bzw. das Schlechtere um das Bessere drehe. (S.94)
2. Doktor Galilei schwingt sich zum Meister über die Gestirne auf, verwirft die Bibel und lässt die Sonne stillstehen. (S.95)
3. Das aber „kann nicht sein", denn dann würde in der Gesellschaft das Unterste zuoberst gekehrt (S.96/7):
   - Das Verhältnis von Herr und Knecht (Knecht, Magd, Schlachterhund, Messbub, Lehrling)
   - Handel und Gewerbe (Fischweib, Maurer, Pächter)
   - Die Moral (eheliche Treue)

Schließlich kommt der Fastnachtszug, der in logischer Fortsetzung des Bänkelsongs - nun aber in übergroßer Bildgestalt - Galilei als „Bibelzertrümmerer" zeigt.

Thema: • Das Volk und die neue Lehre: Galileis Lehre als großer Spaß!
Motiv: • Verkehrte Welten.

Arbeitsauftrag:
1. Wie der Tafeltext zur Szene besagt, werden die Ideen Galileis überall „aufgegriffen".
   a) Informieren Sie sich über die Ursprünge der mittelalterlichen Fastnacht
   b) beschreiben Sie die genaue Abfolge der Darbietung
   c) und arbeiten Sie heraus, wie das Volk (hier Schausteller und Fastnachtszug) die neuen Ideen des Doktor Galilei bewertet.

2. Erörtern Sie, unter welchen Umständen das neue Weltbild tatsächlich eine Bedrohung bestehender Machtverhältnisse darzustellen vermochte.

Kreativer Gestaltungsvorschlag:
Willkommen (Bienvenue) zum *„Erde-um-die-Sonne-Straßenzirkus"* :
Denken Sie sich ein Kostüm, eine Musik, eine Pantomime, einen Faschingswagen für den Erde-um-die-Sonne-Zirkus aus.
- Wie könnte die Eröffnungsrede des Zirkusdirektors klingen und welche Attraktionen hat er anzukündigen?
  Klären Sie zuvor, welches Interesse ein Zirkusdirektor an diesem Thema haben könnte und welche Einstellungen zum Erde-um-die-Sonne-Thema „das Volk" bisher gezeigt hat.

11. Bild: Letzte Gelegenheit zur Flucht

1633: Die Inquisition beordert den weltbekannten Forscher nach Rom.

In einem Vorzimmer im Palast der Medici in Florenz warten Galilei und Virginia auf den Großherzog Cosmo. Galilei will ihm sein neues Buch, die „Dialoge über die beiden Weltsysteme", überreichen. Galilei sieht mittlerweile sehr schlecht und erkennt nicht die an ihm vorbeigehenden Menschen, z.B. den Rektor der Universität Padua, aber überraschenderweise will dieser Galilei auch nicht zur Kenntnis nehmen. Etwas ist anders heute und Virginia vermutet einen Zusammenhang mit dem, was in dem neuen Buch Galileis steht.
Der Eisengießer Vanni, ein mit Galileis wissenschaftlicher Arbeit sympathisierender Geschäftsmann, warnt diesen und fordert zur rechtzeitigen Flucht auf: Er weiß, dass Galilei „oben" für die nun allerorten auftauchenden „Pamphlete gegen die Bibel" verantwortlich gemacht wird. Vanni drängt zur Eile, seine Reisekutsche stehe bereit und die oberitalienischen Städte wollen sich für Galilei einsetzen. Doch Galilei gibt sich sicher, er vertraut auf die schützenden Hand des Großherzogs, seines ehemaligen Schülers, und die wissenschaftliche Aufgeklärtheit des Papstes. Vanni, mit seinem Hilfsangebot von Galilei abgewiesen, verabschiedet sich.
Virginia gegenüber weist Galilei jeden möglichen Zusammenhang zwischen seinem neuen Buch und gesellschaftlichen Unruhen in Italien zurück („Ich habe ein Buch geschrieben über die Mechanik des Universums, das ist alles. Was daraus gemacht oder nicht gemacht wird, geht mich nichts an."); gleichzeitig aber denkt er darüber nach, aus Gesundheitsgründen zu seinem Freund Sagredo nach Padua zu reisen. (102)
Der Kardinal Inquisitor durchquert überraschenderweise den Raum. Was will er in Florenz? Dann erscheint der Großherzog selbst und nimmt das Buch, welches Galilei ihm überreichen will, erst gar nicht zur Kenntnis.
Jetzt endlich nimmt Galilei seinerseits die Gefährlichkeit seiner Lage zur Kenntnis und es stellt sich heraus, dass er bereits eigene Vorkehrungen getroffen hat um sich unerkannt aus der Stadt bringen zu lassen. Bevor er jedoch mit Virginia den Palast verlassen kann, wird er von einem Beamten zum Wagen der Heiligen Inquisition abgeführt.

Thema: • Wissenschaft und Politik

Arbeitsauftrag für ein Gespräch in Gruppen:

Wie schätzen Sie Galileis Verhalten ein?
Offensichtlich weiß er um die gefährliche Lage, in die er mit seinem neuen Buch geraten ist, und hat bereits eigene Fluchtvorbereitungen getroffen.

- Warum gibt er sich Vanni gegenüber so demonstrativ selbstsicher?
- Warum hält er sich Virginia gegenüber so bedeckt?
- Entscheiden Sie:
  Ist er zu vertrauensselig oder zu bequem oder hat er sich einfach in der Einschätzung der Lage verrechnet?

Brecht über die Art, wie Charles Laughton diese Szene spielte:
„Es zeigt sich, daß er gewisse Anweisungen getroffen hat. Seine Tochter eng an sich haltend, sie stützend, versucht er, in schnellem, energischem Gang die Halle zu verlassen. Beim Ausgang angelangt, ruft ihn der Kämmerer zurück. Er empfängt den verhängnisvollen Bescheid mit großer Fassung. So spielend, zeigt L., daß hier weder ein unbeholfener, noch ein unwissender Mann eingefangen wird, sondern einer, der große Fehler gemacht hat."
(Hecht S. 102)

Schriftlicher Arbeitsauftrag

„Ich habe ein Buch geschrieben über die Mechanik des Universums, das ist alles. Was daraus gemacht oder nicht gemacht wird, geht mich nichts an."

a) Erörtern Sie, inwiefern ein Autor für die Wirkungen seiner Werke verantwortlich gemacht werden kann.
b) Konkretisieren Sie dies am Beispiel von Bild 10. Kann Galilei in dieser Situation noch berechtigterweise einen solchen Satz äußern?

Kreativer Schreibanlass
Der Eisengießer Vanni befindet sich auf dem Heimweg. Er hat Galilei ein nicht ungefährliches Hilfsangebot gemacht und ist damit abgelehnt worden. Jetzt ist er über Galilei verärgert.

❍ Zu Hause am Abendtisch bemerkt Frau Vanni seine Verdrossenheit und spricht ihn darauf an. Etwa so:
„Mein lieber Mann, ich bemerke, dass du heute sehr verdrossen dein Mahl einnimmst. Was ist dir im Palast des Großherzogs widerfahren, dass es dich so mürrisch dreinblicken lässt?"
Wie könnte das Gespräch weitergehen?

12. Bild: Die Stunde des Inquisitors

Der Papst

Im Gemach des Vatikans hat Papst Urban VIII. (vormals Kardinal Barberini) den Inquisitor empfangen. Urban wird gerade in sein päpstliches Präsentations-Gewand gekleidet, vor der Türe hasten Kirchenmänner aller Ränge und Orden geschäftig durch die Gänge, eine Versammlung höchster kirchlicher Würdenträger steht bevor. Den Papst stören die von außen eindringenden Geräusche zunehmend, gleichzeitig redet der Inquisitor immer eindringlicher auf ihn ein, so dass Urban gleichsam von zwei Seiten in die Enge getrieben wird: Von der Argumentation des Inquisitors und dem Erwartungsdruck der sich versammelnden Kirchenvertreter.
In Verlaufe dieser Szene verwandelt sich der Papst vom wissenschaftlich differenzierenden Individuum zum Vertreter der kirchlichen Macht. Seine persönlichen Überzeugungen treten hinter das politische Kalkül zurück. Der Prozess der Einkleidung begleitet diesen Vorgang symbolisch: Die Einkleidung ist zugleich auch eine Verkleidung, eine Maskierung des Menschen Barberini.

Der Inquisitor verlangt sofortiges und deutliches Einschreiten gegen Galilei und seinesgleichen:

- Von „diesen Leuten" werde der „Geist der Auflehnung" gesät; unter dem Vorwand wissenschaftlicher Objektivität schleiche sich der Zweifel an allem in alle Lebensbereiche ein.
- Gerade jetzt, in einer schwierigen politischen Lage, angesichts außenpolitischer Wirren und blutiger Glaubenskriege in Deutschland müsse der Papst diese „Würmer von Mathematikern" in die Schranken weisen.
- Das verlange vor allem gegen das „böse Beispiel dieses Florentiners" (S.106) vorzugehen, denn dieser „Wahnsinnige" erkläre die Vernunft für die „einzige Instanz". Was aber wäre, wenn der Mensch, „schwach im Fleisch und zu jedem Exzesse geneigt", mehr auf Maschinen bauend als auf Gott vertrauend, nicht mehr das Oben und das Unten akzeptiere?
- Und schließlich: In seinem neuen Buch habe Galilei sich nicht an die 1616 getroffenen Vereinbarungen gehalten, indem er den Standpunkt der Kirche zwar zu Wort kommen ließe, jedoch aus dem Munde eines nicht ernst zu nehmenden „dummen Menschen" (S.108).

Die Argumentation des Inquisitors zielt direkt auf die Person Galileis. Während Papst Urban in Galilei den genialen Wissenschaftler sieht und diesem die Rechte und Privilegien zugesteht, die ein hervorragender Geist benötigt, lässt der Inquisitor sich auf diese Argumentationsebene erst gar nicht ein, sondern stellt Galilei als moralisch gefährliches Individuum, als berechnenden Aufrührer und „schlechten Menschen" dar, der „weiß, was er tut" (S.107).
Dem Zweifel an Galileis moralischer Redlichkeit kann Urban in der Tat nicht viel entgegensetzen, hat doch Galilei mit der Figur des Simplicio in dem „Dialog" wirklich die geistlichen Autoritäten der Lächerlichkeit preisgegeben. Urban versucht zwar die vorgetragenen Anwürfe als eine Charakterschwäche zu verharmlosen: „Das zeugt von schlechtem Geschmack" (S.107), muss aber letztlich anerkennen, dass Galilei ihn hintergangen und sich somit - aus seiner Sicht - des Ungehorsams schuldig gemacht hat. Galilei hat sich als Mensch, als Ehrenmann, fragwürdig gemacht und steht folglich nicht mehr als „Licht Italiens" (S.107) unter seinem Schutz.

Papst Urban VIII. - nun in vollem Papst-Gewand - gibt seinen Widerstand auf: Man zeige Galilei die Folterinstrumente, was bei diesem „Mann des Fleisches" schon genügen werde.

Thema:
- Wissenschaft oder Ruhe und Ordnung
- Der Mensch Galilei: Licht Italiens oder Wahnsinniger?

Motiv:
- Die Macht des Zweifels
- Verkehrte Welten
- Maschinen und Wunder

Lösungsvoschlag zum Arbeitsblatt auf der nächsten Seite

Barberinis Verwandlung:
Vom Wissenschaftler zum kirchlichen Oberhaupt

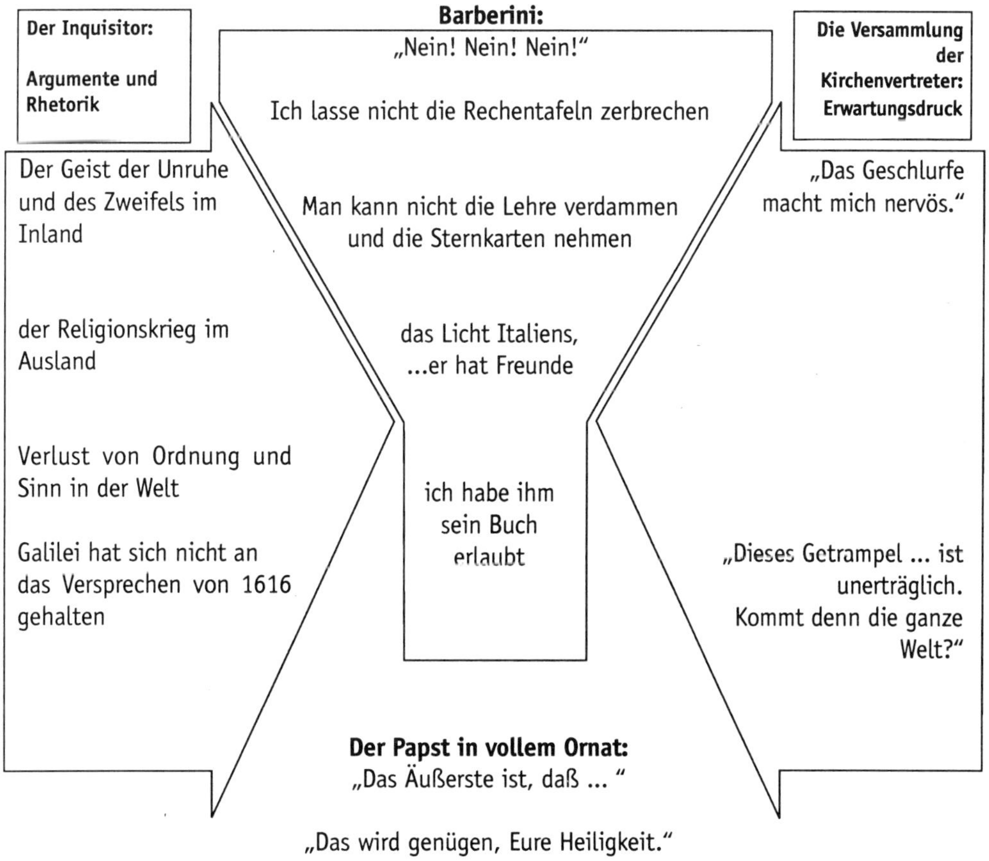

Zur Gegenüberstellung der Protagonisten und zu Brechts Figurengestaltung vgl. auch die Ausführungen im Kapitel „Figuren, Sozialer Gestus: Flache und widersprüchliche Charaktere" im Materialeinteil.

Im Verlaufe seiner Ankleidung wird Papst Urban gleich von zwei Seiten bedrängt: Von den Argumenten des Inquisitors und dem Geschlurfe der sich versammelnden Kirchenwelt.

Unterstreichen Sie

- die Argumente des Inquisitors und Urbans Gegenargumente mit verschiedenen Farben,
- beachten Sie noch dazu, wie der Papst auf die Vorgänge außerhalb reagiert, und stellen Sie nun den Prozess von Barberinis Verwandlung in folgendem Schema grafisch dar.

Barberinis Verwandlung:
Vom Wissenschaftler zum kirchlichen Oberhaupt

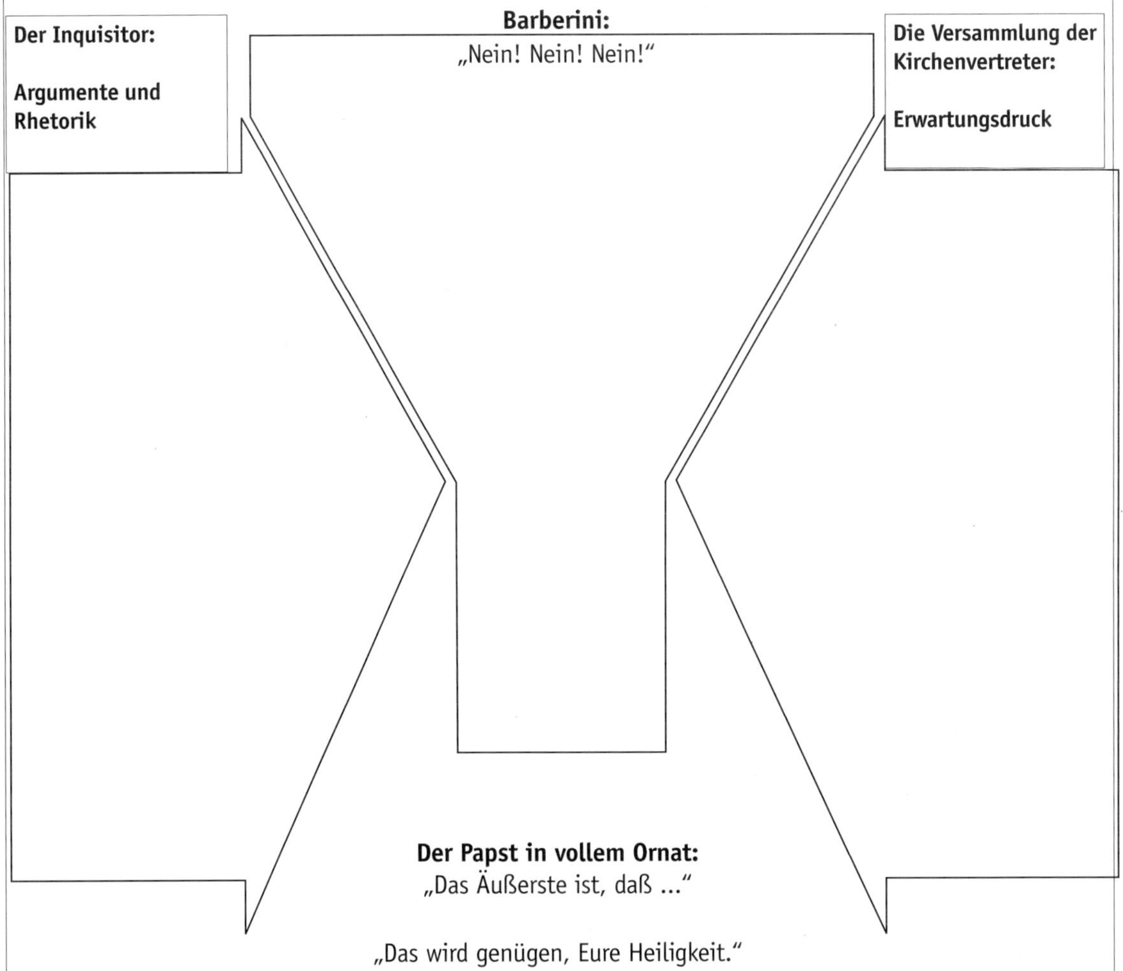

13. Bild: Wozu Helden heute?

Galilei widerruft vor der Inquisition am 22. Juni 1633 seine Lehre von der Bewegung der Erde.

Im Palast des florentinischen Gesandten warten Galileis Gefährten, Andrea, Fulganzio, Federzoni, sowie seine Tochter auf den Ausgang des Verfahrens. Virginia betet im Hintergrund, dass Galilei widerrufen möge. Seine Schüler aber erwarten, dass Galilei nicht widerruft. Je länger das Läuten der Glocken, das Zeichen für Galileis Widerruf, ausbleibt, desto sicherer sind sie sich.

Doch dann läuten die Glocken und eine Stimme verkündet Galileis Widerruf ; Virginia atmet auf, die Männer aber sind zutiefst enttäuscht und erschüttert. Insbesondere für Andrea scheint eine Welt zusammenzubrechen, er reagiert ganz körperlich durch Übelkeit.

Galilei tritt aus dem Hintergrund hinzu:
Andrea: „Unglücklich das Land, das keine Helden hat."
Galilei: „Unglücklich das Land, das Helden nötig hat."

Thema: • Sinn und Wahnsinn des Heldentums

Arbeitsaufträge:

1. Unterrichtsgespräch:
   - Was zeichnet einen Helden/eine Heldin aus?
   - Wer sind die Helden/Heldinnen von heute? (Sportler?)

2. Zum Nachschlagen und Vergleichen: Was sagen Lexika zum Stichwort „Held"?

Der Schülerduden:
„Held, ursprünglich ein Mann, vornehmlich ein Krieger, der sich durch hervorragende Tapferkeit und besonders ruhmreiche Taten auszeichnete. In dieser Bedeutung erscheinen u.a. die Hauptpersonen in der Heldensage. Als Held wird darüberhinaus auch eine Person betitelt, die im Mittelpunkt eines Geschehens steht oder durch vorbildliches Verhalten Bewunderung und Anerkennung hervorruft. (...) Im bürgerlichen Roman bzw. Drama tritt dagegen mehr der passive Held in Erscheinung, der durch seelische Labilität und Willensschwäche gekennzeichnet ist (negativer Held) und eher als Opfer denn als Handelnder in Erscheinung tritt."
Schülerduden - Die Literatur, Mannheim 1989 S.195

3. Erarbeitung einer eigenen Definition als Vorarbeit für die Einschätzung von Galileis Heldentum

Wer oder was ist ein Held?

Wählen Sie Begriffe aus dem unten aufgeführten ‚Pool' aus und tragen Sie diese in den Lückentext ein:

DEFINITION:
Helden sind Menschen,

die sich ______________________________

und ______________________________

für ______________________________
einsetzen,

wie z.B. ______________________________

auswählen!

eigenwillig, uneigennützig
unerbittlich reich,
vorbildhaft, zäh, gut,
stark, schön, mutig,
interessant, spannend
erfolgreich, klug
gnadenlos, einmalig
einen guten Zweck
Menscheit, Rettung
Revolution, Umwelt, Frauen
Macht, Herrschaft, Armut
Gut und Böse, Reich und Arm
Unterdrückte, Menschenrechte

Wägen Sie ab und begründen Sie:

Galilei ist ein Held, weil...	Galilei ist **kein** Held, weil...

Zwei Texte zum Analysieren und Diskutieren

Bertolt Brecht über Tugenden und Heldentum in modernen Zeiten

In Bertolt Brechts 1940 verfassten „Flüchtlingsgesprächen" treffen sich zwei Emigranten, der Physiker Ziffel und der Arbeiter Kalle, im Bahnhofsrestaurant von Helsinki. Sie unterhalten sich über die Situation in Nazi-Deutschland, über die politische Weltlage und ihre eigenen Zukunftsaussichten. Dabei erklärt Ziffel seinen Unwillen gegen alle Tugenden so:

„Kalle, Kalle, was sollen wir armen Menschen machen? Überall wird Übermenschliches verlangt, wo sollen wir noch hin? (...) Über dem ganzen Kontinent nehmen die Heldentaten zu, die Leistungen des gemeinen Mannes werden immer gigantischer, jeden Tag wird eine neue Tugend erfunden. Damit man zu einem Sack Mehl kommt, braucht man eine Energie, mit der man früher den Boden einer ganzen Provinz hätte urbar machen können. Damit man herausbringt, ob man schon heut fliehen muß oder erst morgen fliehen darf, ist eine Intelligenz nötig, mit der man noch vor ein paar Jahrzehnten hätt ein unsterbliches Werk schaffen können. Eine homerische Tapferkeit wird gefordert, damit man auf die Straße gehen kann, die Selbstentsagung von einem Buddha, damit man überhaupt geduldet wird. Nur wenn man die Menschlichkeit von einem Franz von Assissi aufbringt, kann man sich von einem Mord zurückhalten. Die Welt wird ein Aufenthaltsort für Heroen, wo sollen wir da hin? Eine Zeitlang hats ausgesehen, als ob die Welt bewohnbar werden könnt, ein Aufatmen ist durch die Menschen gegangen. Das Leben ist leichter geworden. Der Webstuhl, die Dampfmaschine, das Auto, das Flugzeug, die Chirurgie, die Elektrizität, das Radio, das Pyramidon kam, und der Mensch konnte fauler, feiger, wehleidiger, genußsüchtiger, kurz glücklicher sein. Die ganze Maschinerie diente dazu, daß jeder alles tun können sollte. Man rechnete mit ganz gewöhnlichen Leuten in Mittelgröße. Was ist aus dieser hoffnungsvollen Entwicklung geworden? Die Welt ist schon wieder voll von den wahnwitzigsten Forderungen und Zumutungen. Wir brauchen eine Welt, in der man mit einem Minimum an Intelligenz, Mut, Vaterlandsliebe, Ehrgefühl, Gerechtigkeitssinn usw. auskommt, und was haben wir? Ich sage Ihnen, ich habe es satt, tugendhaft zu sein, weil nichts klappt, entsagungsvoll, weil ein unnötiger Mangel herrscht, fleißig wie eine Biene, weil es an Organisation fehlt, tapfer, weil mein Regime mich in Kriege verwickelt. Kalle, Mensch, Freund, ich habe alle Tugenden satt und weigere mich, ein Held zu werden."

Pyramidon - Fieber- und Schmerzlinderungsmittel

Brecht Werke, Jubiläumsausgabe Bd. 5, Frankfurt 1997, S. 114, 115

1. Geben Sie Ziffels Position in eigenen Worten wieder.
2. Vergleichen Sie diese mit Galileis Aussage in Bild 13 und
3. nehmen Sie Stellung.

Hans Mayer über den Galilei als Helden

„Galilei bei Brecht ist zwar ein negativer Held, aber noch ein Held. Sein negatives Handeln soll den Blick freigeben auf die Möglichkeiten positiven Handelns. (...) Brechts hintergründiges Stück, das dem Stückeschreiber selbst aus den Händen glitt und das er immer wieder einzufangen bemüht war, läßt sowohl die Entwicklung auf positiv heldenhaftes Handeln zu, inspiriert durch den Anblick des negativ handelnden Galilei (hier arbeitet Brecht mit ähnlichen Mitteln wie bei der negativ handelnden Gestalt der Mutter Courage), wie auch die erst von Dürrenmatt zu Ende gedachte Möglichkeit, daß die Physiker in der heutigen Welt und Gesellschaft nicht mehr zu Helden irgendwelcher Art taugen, weder negativ noch positiv. (...)
„Nein. Unglücklich das Land, das Helden nötig hat." Der Satz stammt noch aus der ersten Konzeption des Schauspiels, die den Widerruf als insgeheim zu billigenden Kompromiß verstanden hatte, weiterarbeiten zu können. Der Satz gehört zu den Texten in der Sklavensprache."

Hans Mayer: Brecht, Frankfurt 1996 S.401/2

Was ist episches Theater? (II)

Die Szenen-Ansagen als Spannungskiller

Spätestens jetzt sollte auf die Ansagen zu Beginn jedes Bildes eingegangen werden. Sie geben - im Sinne von kurzen Expositionen - Ort und Zeit der nachfolgenden Handlung an, was bei einer Chronik, die immer wieder entscheidende Momente eines Lebens herausgreift, sinnvoll sein kann und dem Zuschauer die rasche Orientierung in Raum und Zeit ermöglicht. Die Ansagen im „Galilei" sind aber gleichzeitig Inhaltsangaben von der Art, dass sie den Ausgang der Handlung vorwegnehmen.

Betrachten wir als Beispiel die Bilder 9, 11 und 13. In Bild 9 nimmt Galilei entgegen seines Gelöbnisses und auf Kosten von Virginias Lebensglück die astronomischen Forschungen wieder auf. In Bild 11 wird Galilei von der Inquisition abgeholt. In Bild 13 widerruft er seine Lehre. Interessanterweise sind diese Szenen so konstruiert, dass das Wichtige wirkungsstrategisch geschickt ans Ende gesetzt wird und für den Zuschauer überraschend bzw. unerwartet erscheinen könnte, so wie es in Fortsetzungsgeschichten, Detektivromanen, Serien usw. auch geschieht, um es „spannend zu machen".

SPANNUNG entsteht zunächst durch Vorenthaltung von Informationen, wodurch es dem Zuschauer/Leser schwer gemacht wird zu erkennen, worauf ein vor seinen Augen in Gang gekommener Prozess hinausläuft. Zu ahnungslos wiederum darf der Zuschauer auch nicht sein, denn sonst fehlt der Anreiz zum Mitdenken. Das Bedürfnis, wahrgenommene und als quälend empfundene Ungereimtheiten auflösen zu wollen, muss geweckt werden. Spannend wird es folglich erst dann richtig, wenn die Zahl der möglichen Entwicklungen nicht allzu groß ist, am besten nur zwei oder höchstens drei: Z.B. alles gewinnen oder leer ausgehen, sterben oder heiraten, gerettet oder verloren, tot oder lebendig sein. Die drei ausgewählten Szenen spitzen sich gerade in dieser Weise zu:

Bild 9 Wird Galilei sich in Gefahr begeben oder nicht?
Bild 11 Wird Galilei der Inquisition entkommen oder nicht?
Bild 13 Widerruft er oder stirbt er?

Die von Brecht vorangestellten Ansagen beantworten aber genau diese Fragen:

Bild 9 *Nach achtjährigem Schweigen wird Galilei durch die Thronbesteigung eines neuen Papstes, der selbst Wissenschaftler ist, ermutigt, seine Forschungen auf dem verbotenen Feld wieder aufzunehmen. Die Sonnenflecken.*
Bild 11 *1633: Die Inquisition beordert den weltbekannten Forscher nach Rom.*
Bild 13 *Galilei widerruft vor der Inquisition am 22. Juni 1633 seine Lehre von der Bewegung der Erde.*

Die Ansagen verhindern also, dass es - wie man umgangssprachlich so schön sagt - „dramatisch" wird. Aber was bleibt übrig, wenn ein Geschehen auf der Bühne nicht mehr „dramatisch" ist. Brecht würde hier sagen: Episches Theater!
Was heißt „episches" Theater?

Erster Vorschlag zur Einführung in das epische Theater (theoretisch):

Brecht selbst hat mehrere handliche Unterscheidungstabellen erstellt, in welcher er auf den Punkt bringt, was seiner Ansicht nach das dramatische vom epischen Theater unterscheidet. Präsentieren Sie diese - kopiert, auf Folie oder mit Kreide - Ihren Schülern:

„Dramatische Form des Theaters	Epische Form des Theaters
handelnd	erzählend
verwickelt den Zuschauer in eine Bühnenaktion	macht den Zuschauer zum Betrachter, aber
verbraucht seine Aktivität	weckt seine Aktivität
ermöglicht ihm Gefühle	erzwingt von ihm Entscheidungen
Erlebnis	Weltbild
der Zuschauer wird in etwas hineinversetzt	er wird gegenübergesetzt
Suggestion	Argument
die Empfindungen werden konserviert	bis zu Erkenntnissen getrieben
der Zuschauer steht mittendrin	der Zuschauer steht gegenüber
miterlebt	studiert
der Mensch als bekannt vorausgesetzt	der Mensch ist Gegenstand der Untersuchung
der unveränderliche Mensch	der veränderliche und verändernde Mensch
Spannung auf den Ausgang	Spannung auf den Hergang
(...)	
Gefühl	Ratio"

(aus: Anmerkungen zur Oper „Aufstieg und Fall der Stadt Mahagonnny", Jubiläumsausgabe Bd.6 S.106/7, vergleiche auch: Vergnügungstheater oder Lehrtheater a.a.O. S.191/2)

Lassen Sie die Schüler die Schlüsselbegriffe unterstreichen und zusammenfassen, welches Profil des modernen Zuschauers hier entworfen wird. Wenden Sie sich dann einer dieser Szenen zu, ich schlage die Szene 13 vor, und überlegen Sie gemeinsam,

- was gewonnen wäre, wenn der Ausgang der Szene nicht vorweggenommen würde, und
- ob das Nichtwissen wirklich die normale Ausgangslage des Theaterzuschauers ist.

Zweiter Vorschlag zur Einführung in das epische Theater (fragend-entwickelnd):

Stellen wir uns und den Schülern einmal folgende Fragen:

- Warum gehen wir in manche Filme zweimal oder auch dann, wenn uns jemand erzählt hat, wie es ausgeht?
- Warum besuchen Fußballfans ein Fußballspiel auch dann, wenn sie sicher sind, dass ihr Verein gewinnen wird?
- Warum lesen manche Leute manche Bücher wieder und wieder?

Besprechen Sie diese Fragen im Unterrichtsgespräch, lassen Sie in Gruppen ein Gruppenergebnis erarbeiten, oder lassen Sie an der Tafel eine 'warum-weil-Liste' entstehen, je nach Unterrichtsstil. Die Antworten werden - auch bei unterschiedlicher Herangehensweise - wahrscheinlich so lauten:

... weil die Faszination eines Films, eines Fußballspiels, einer Szene letzten Endes vom jeweiligen Ausgang gar nicht abhängt, sondern von der Erwartung, etwas zu erleben, was mir neu ist.
... weil ich hoffe, immer noch etwas zu entdecken, was meiner Aufmerksamkeit vorher entgangen sein mag.
... weil es immer noch eine unerwartete Pointe, eine Geste, ein Wortspiel oder einen Trick des Liberos geben kann
... weil ich diesen Typ, diese Situation, diesen Dialog *‚interessant'* finde.

In solchen Aussagen stellt sich der Schüler als Zuschauer mit Kennerblick, als aufmerksamer Beobachter, als Experte dar, kurzum: als einer, der etwas dazulernen möchte und genau das spannend findet. Und damit sind wir beim Kern von Brechts epischem Theater angelangt:
Der Haltung des Zuschauers. Er soll ein beobachtender, auf Details achtender, lernwilliger Zuschauer sein, welcher sich nicht von der Story emotional überwältigen lässt, sondern klaren Blick bewahrt, um das, was da abläuft, zu durchschauen. Daraus bestimmt sich - nach Brecht - auch die Aufgabe von Theater-Autoren und Dramaturgen: Sie müssen mit ihren Stücken und Inszenierungen genau diese Zuschauerhaltung erzeugen und das Lernen zum Vergnügen werden lassen.

Es muss hier jedoch auch die Frage erörtert werden, ob der Theater-Besucher von heute überhaupt je in die Gefahr kommen kann, vom Bühnengeschehen emotional so in den Bann gezogen zu werden, dass er seine Distanz zur bloß vorgestellten Welt verliert; dass er vergisst, in einem Theater unter zahlreichen Menschen zu sitzen, die sich ein staatlich subventioniertes Bildungsvergnügen leisten?
Trifft der Brechtsche Vorwurf an das traditionelle Theater heute nicht eher auf die modernen multimedialen Spektakel zu, in denen mittels gigantischem technischem Aufwand zum Eintauchen in virtuelle Welten verführt wird?
Darüber muss auch gesprochen werden, wenn es darum gehen soll, den Zuschauer von heute gegen die Verführungen fiktiver Welten zu schützen.

Fazit: Der Brechtsche Kampf gegen das Einfühlungstheater ist, sofern es um das Theater geht, historisch und geht auf die Auseinandersetzung mit naturalistischen Theatertheorien des ausgehenden 19. Jahrhunderts zurück. Das Theater des ausgehenden 20. Jahrhunderts setzt den kritischen Zuschauer geradezu voraus, wohingegen die medialen Verführungen von heute sich in ganz anderen Räumlichkeiten abspielen: Vor der Kino-Großleinwand, unter dem Kopfhörer, hinter der Cyberspace-Brille.

☞ In diesem Zusammenhang können Brechts Ausführungen über V-Effekte, episches Theater und den Galilei, dargestellt im „Kleinen Organon für das Theater" (1948/49), gelesen und besprochen werden (Materialienteil).

Zur Diskussion gestellt:

Bertolt Brecht über die Haltung des Zuschauers und den Sinn von Tafeln:

„Gegen die Titel ist vom Standpunkt der Schuldramatik aus geltend zu machen, daß der Stückeschreiber alles zu Sagende in der Handlung unterzubringen habe, daß die Dichtung aus sich heraus alles audrücken müsse. Dies entspricht einer Haltung des Zuschauers, in der er nicht über die Sache denkt, sondern aus der Sache heraus. Aber diese Manier, alles einer Idee unterzuordnen, die Sucht, den Zuschauer in eine einlinige Dynamik hineinzuhetzen, wo er nicht nach rechts und links, nach unten und oben schauen kann, ist vom Standpunkt der neueren Dramatik aus abzulehnen. Auch in die Dramatik ist die Fußnote und das vergleichende Blättern einzuführen.
Das komplexe Sehen muß geübt werden. Allerdings ist dann beinahe wichtiger als das Imflußdenken das Überdenflußdenken. Außerdem erzwingen und ermöglichen die Tafeln vom Schauspieler einen neuen Stil. Dieser Stil ist der epische Stil. Beim Ablesen der Tafelprojektionen nimmt der Zuschauer die Haltung des Rauchend-Beobachtens ein. Durch eine solche Haltung erzwingt er ohne weiteres ein besseres und anständigeres Spiel, denn es ist aussichtslos, einen rauchenden Mann, der also hinlänglich mit sich selbst beschäftigt ist, „in den Bann ziehen" zu wollen. Sehr rasch hätte man so ein Theater voll von Fachleuten, wie man Sporthallen voll von Fachleuten hat."
(Aus den „Anmerkungen zur Dreigroschenoper" B.B. Gesammelte Werke Bd. 17 S.992)

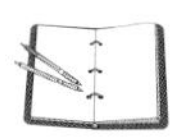

Arbeitsaufträge:
1. Unterstreichen Sie die Schlüsselbegriffe.
2. Prüfen Sie, ob das über das traditionelle Theater Gesagte Ihren Theatererfahrungen noch entspricht?
3. Finden und diskutieren Sie - als leidenschaftliche Nicht-Raucher - andere Beispiele für die von Brecht gewünschte Haltung des Beobachtens (z.B. das Stricken?)
4. Formulieren Sie abschließend in wenigen Sätzen, was nach Brecht „episches Theater" ist und bezweckt. Vervollständigen Sie die Sätze:

Mit seiner Theorie des epischen Theaters verfolgte Brecht das Ziel, den Zuschauer ...

Brecht war der Ansicht, dass das herkömmliche Theater ...

Um diesem entgegenzuwirken ...

Das heutige Theater ...

14. Bild: Die große Selbstkritik

1633 - 1642. Galileo Galilei lebt in einem Landhaus in der Nähe von Florenz, bis zu seinem Tod ein Gefangener der Inquisition. Die „Discorsi".

In einem Landhaus nahe Florenz wird der halbblinde Galilei von der jetzt 40jährigen Virginia versorgt und von einem Mönch bewacht. Ganz auf sich gestellt experimentiert er mit Holzkugeln über die Bewegung von Körpern. Zwei Gänse von ungenannten Gönnern werden ihm überbracht. Er scheint Mühe zu haben die ihm hingehaltenen Gänse zu sehen, dann aber gibt er seiner Tochter genaue Anweisungen für deren sofortige schmackhafte Zubereitung; sein Hunger ist immer noch groß.

Er diktiert seiner Tochter einen jener wöchentlichen Briefe an den Erzbischof, in denen er durch Stellungnahmen zu Fragen der Zeit seine uneingeschränkte Kirchentreue bekundet. Virginia, ganz in der Rolle als treusorgende Tochter und fromme Hüterin ihres Vaters aufgehend, hält das demonstrative Einverständnis Galileis mit den Positionen der Kirche für Beweise seiner Loyalität.

Da erscheint Andrea Sarti, jetzt ein Mann in den mittleren Jahren und wird von Virginia nur ungern zu Galilei gelassen. Im nun folgenden Gespräch, dem Virginia gegen den Willen des Vaters beiwohnt, drückt Galilei mehrfach seine Zufriedenheit darüber aus, sich nunmehr in kirchlicher Obhut zu befinden und stellt sich so dem Gast als ein mit der Obrigkeit ganz und gar versöhnter Mensch dar. Dies drückt sich auch in der Art und Weise aus, wie er über seine eigenen früheren Ansichten spricht: „verurteilte Lehren", „die Bahn des Irrtums", „meine seelische Wiedergenesung", wodurch er auch in der Wortwahl sich die Position seiner ehemaligen Gegner zu eigen macht. Andrea Sarti, der als Physiker über Hydraulik arbeitet, reagiert von Anfang an äußerst vorsichtig und kühl: Seinen Besuch stellt er als Auftragerfüllung dar, nicht als persönlichen Wunsch. Das Gespräch gleicht einem Sich-Belauern und ist von eisiger Kälte und Vorsicht geprägt; bis Galilei seine Tochter in die Küche zu den Gänsen schickt.

Nun, unter vier Augen, eröffnet Galilei seinem ehemaligen Schüler, dass er heimlich und nächtens eine Abschrift seiner Studien über die Bewegung, die „Discorsi", hergestellt habe, eine Schrift, auf die, nach Andreas Worten, die Fachwelt Europas schon lange warte. Andrea holt das Manuskript aus dem Globus, liest ein paar Zeilen und bricht in Begeisterung aus: „Dies ändert alles. Alles." Andrea sieht plötzlich alle bisherigen Ungereimtheiten und Fragwürdigkeiten in Galileis Verhalten im Lichte eines neuen strategischen Ziels: Der Rettung der Wahrheit vor dem Feind. Dieses Ziel rechtfertigt alle Mittel, vom ersten Fernrohr-Schwindel bis zum Widerruf vor der Inquisition: Eine neue Ethik ist geboren! Um das „eigentliche Geschäft der Wissenschaft" betreiben zu können ist jedes Mittel recht, die Frage ist nur, was das Geschäft der Wissenschaft im eigentlichen Sinne sei.

Der folgende Dialog hat genau diese Frage zum Inhalt:
Sartis Anwort ist kurz und bündig: Sinn und Zweck der Wissenschaft ist die Vermehrung von Wissen, das Wissen um des Wissens selbst, auf die zugespitzteste Formel gebracht: „Die Wissenschaft kennt nur ein Gebot: den wissenschaftlichen Beitrag." Andrea vertraut auf das Wissen als Selbstzweck, auf die umstürzende Wirkung der Erkenntnis von Naturzusammenhängen, die die Erde bewohnbar macht und den Himmel abträgt.

Andrea wiederholt damit Positionen, die Galilei selbst mehrfach vertreten hat, als er z.B. den Wissenschaftler von der Verantwortung für die Ergebnisse seiner Forschungen pauschal freisprach (Bild 4, Bild 11).
Galilei, der den enthusiastischen Auslassungen seines ehemaligen Musterschülers mit Skepsis zugehört hat, nimmt nun seinerseits noch einmal die alte Rolle des Lehrers ein, um Sarti mit autoritativem Gestus „ein paar Hinweise darüber zu geben, was die Wissenschaft alles angeht." Es folgt die „große Belehrungsrede" (Brecht), in welcher Galilei dem Wissenschaftsverständnis Sartis mit erbarmungsloser Schärfe entgegentritt und damit sich selbst, seine bisherigen Anschauungen und schließlich sein Verhalten vor der Obrigkeit kritisiert. Der Wissenschaftler könne kein anderes Ziel haben, als „die Mühseligkeit der menschlichen Existenz zu erleichtern". Dies tun neue Maschinen, neue Entdeckungen an sich noch keineswegs, im Gegenteil, sie können sich zum Schrecken der Menschheit entwickeln.

☞ siehe Szenenfoto S.96

Galileis Schlussfolgerungen sind nun folgende:
- Dass er vor der Inquisition widerrufen hat, ist nach den Maßstäben seines neuen Wissenschaftsverständnisses moralisch verwerflich, ein Verrat an der Wissenschaft und der Menschheit.
- Er hätte widerstehen müssen, allerdings nicht um der Wahrheit einiger wissenschaftlichen Behauptungen über die Bewegung von Gestirnen willen, sondern um das neue Wissen nicht allein den Machthabern auszuliefern.
- Diese werden es verheimlichen, gebrauchen oder missbrauchen, immer werden sie es aber zu allererst zur Aufrechterhaltung ihrer Macht einsetzen und nicht zur Erleichterung der menschlichen Existenz.
- Er, Galilei befand sich zum Zeitpunkt des Widerrufes am Beginn einer neuen Zeit, in welcher die Wissenschaft am Scheideweg stand: Entweder verhält sie sich helfend und heilend den Mühseligen und Beladenen gegenüber („Hippokratischer Eid") oder sie entmachtet sich zum willfährigen Instrument der Herrschenden („Geschlecht erfinderischer Zwerge").
- Mit seinem Widerruf hätte er es in der Hand gehabt, zum Beginn eines „neuen Zeitalters" der Idee einer verantwortungsbewussten Wissenschaft zum Durchbruch zu verhelfen, denn die „neue Kunst des Zweifelns" hatte beim Volk Sympathien und Hoffnung auf Änderung hervorgerufen. Sein Widerruf aber habe die Wissenschaft von den Märktplätzen verschwinden lassen und das Wissen in die Hände der Herrschenden gelegt.
- Eine Wissenschaft ohne Veranwortungsbereitschaft für das Wohl aller Menschen wird eines Tages vom Volk mit Furcht und Entsetzen betrachtet werden.

Soweit Galileis Argumentation, die Bezüge zum 20. Jahrhundert werden deutlich, überdeutlich gar, wenn Galilei dem nach Holland aufbrechenden Andrea zum Geleit den Rat gibt, in Deutschland besonders vorsichtig zu sein, wenn er es – „die Wahrheit unter dem Rock" – durchreise.

Thematik:	• Die Wissenschaft, das Wissen und die Verantwortung für die Folgen • Die Ambivalenz der neuen Zeit: Hoffnung und (Ent-)Täuschung
Motive:	• Verstellung und Wahrheit

Arbeitsaufträge:

1. Bearbeiten Sie mit Lineal und Bleistift den Wortwechsel zwischen Andrea und Galilei, nachdem Virginia den Raum verlassen hat. Arbeiten Sie die beiden Anschauungen vom Sinn und Zweck der Wissenschaft heraus.

Zusamm-
fassender
Tafelanschrieb

ÜBER DIE VERANTWORTUNG DES WISSENSCHAFTLERS

Andreas Position	Demgegenüber **Galileis neue Einsicht:**
Der Wissenschaftler ist allein dem Sieg der wissenschaflichen Vernunft verantwortlich, die Produktion und Durchsetzung von neuem Wissen ist das Hauptziel	Der verantwortungsbewusste Wissenschaftler ist der Wahrheit und der menschlichen Existenz verpflichtet
Wertfreiheit und Unabhängigkeit von herrschenden Weltbildern und Mächten	d.h. • keine Wertfreiheit in Bezug auf die Verwertung von wissenschaft. Erkenntnissen • eine verbindliche Wissenschaftsethik (Eid des Hippokrates) • die moralische Vorbildfunktion des Forschers (Standhaftigkeit und Tapferkeit)
GEFAHREN: Betriebsblindheit und moralische Gleichgültigkeit: Der Wissenschaftler auf dem Weg zum Technokraten und Fachidioten	**GALILEIS VERMÄCHTNIS:** Keine Forschung ohne soziale Verantwortung

2. Rekonstruieren Sie Galileis Argumentation und arbeiten Sie heraus, warum er seinen Widerruf als Verrat betrachtet.

   Lösungshinweis: Siehe obige Szenen-Analyse

3. Galileis Verhalten in dieser Szene ist gekennzeichnet durch Vorsicht und Verstellung. Gliedern Sie die Szene und arbeiten Sie heraus,
   a) wem gegenüber Galilei sich auf welche Weise verstellt und
   b) wie sich das in Sprache und Gestus auswirkt.
   c) In den Notaten zu dieser Szene schreibt Brecht, der Zuschauer solle erkennen, dass Galilei „jetzt in einer Hölle" sitzt. Worin besteht diese Hölle und was hat dies mit dem Thema Verstellung zu tun?

Lösungshorizont:

Die Szene kann in fünf Abschnitte eingeteilt werden:

- Galilei verstellt sich vor seiner Tochter Virginia und dem Mönch, indem er fast völlige Blindheit vortäuscht:
  Virginia: „Kannst du es nicht sehen?"
  Galilei: „Nein!".

- Galilei verstellt sich vor dem Erzbischof, indem er die Haltung der Obrigkeit gegenüber streikenden Arbeitern mit Bibelzitaten rechtfertigt.
  Galilei: „Du meinst nicht, daß eine Ironie hineingelesen werden könnte?"
  Virginia: „Nein, der Erzbischof wird selig sein."

- Galilei verstellt sich vor Andrea, indem er sich demonstrativ zu seinem Widerruf bekennt.
  Galilei: „Durch die Tiefe meiner Reue habe ich mir die Gunst meiner Oberen so weit erhalten können, daß ...."

- In einem unbewachten Augenblick übergibt er Andrea die „Discorsi", dies allerdings nicht in eigenen Worten, sondern in der Sprache der Gegenseite, der Obrigkeit: „meine Rückfälle", „die Krätze", „eingewurzelte Laster", „Sklave meiner Gewohnheit". Selbst hier kann Galilei aus der Gewohnheit des indirekten, verstellten Sprechens nicht ausbrechen, diese scheint ihm schon zur eigenen Sprache geworden zu sein. Andrea veranlasst dieser Vorgang jedoch, seine bisherige kalte Reserviertheit aufzugeben und Galileis moralisch immer schon fragwürdigen Verhaltensweisen im Lichte einer neuen „Ethik", einer solchen der zweckgerichteten Verstellung, zu preisen.

- Dies provoziert Galilei zu seiner „großen Belehrungsrede" (Hecht S.108), in welcher er sein Verhal ten als Verrat an der volksnahen Wissenschaft bezeichnet. Er hat eine historische Chance verpasst und der Wissenschaftsgemeinde ein schlechte Vorbild gegeben. Dafür muss er büßen. Was ist seine Strafe? Die andauernde Verstellung gegenüber allen Menschen, die ihn umgeben, auch seiner eigenen Tochter, und dies bis zum Lebensende, ohne Hoffnung auf Änderung. Eine letzte große Umkehrung liegt hier vor dem Zuschauer ausgebreitet: Galilei, der große fanatische Wahrheitssucher und Wahrheitsfinder, muss sein Leben in für ihn erniedrigender Falschheit zu Ende bringen, dies bei vollem Bewusstsein, ohne „die Gabe des Intellekts verspielt zu haben".

Schreibanlass:

Versetzen Sie sich in Sartis Lage: Vier Jahre nach dem Widerruf besucht er seinen ehemaligen Ziehvater und Lehrmeister. Er wird zu Galilei hereingelassen und sein Blick fällt auf den fast blinden alten Mann. Was mag ihm bei diesem Anblick durch den Kopf gegangen sein?

❍ Schildern Sie diese Gedanken und Gefühle in einem inneren Monolog. Beachten Sie dabei,

a) was Galilei für Andrea Sarti bedeutet hat,
b) was dieser Begegnung vorausgegangen ist,
c) mit welchen Worten sie voneinander gegangen sind und
d) was Sarti bewogen haben mag, Galilei trotz alledem zu besuchen.

Fangen Sie z.B. so an:
„Er ist alt geworden und noch dicker. Und wie er mit seinen schwachen Augen ins Leere stiert. Das geschieht ihm recht, jetzt ist es aus mit der Lust am Denken und Forschen ..."

15. Bild: Auf dem Weg in die „neue Zeit"

1637. Galileis Buch „Discorsi" überschreitet die italienische Grenze.

Am Schlagbaum einer kleinen Grenzstadt werden Andreas Papiere von zwei Grenzwächtern geprüft. Er sitzt dabei auf einer Kiste und liest in den Discorsi, auf der anderen Seite der Grenze wartet die Reisekutsche auf die Weiterfahrt.
Drei Dialoge finden nun gleichzeitig statt:

- Drei herumlungernde Knaben streiten sich darüber, ob eine in der Nähe wohnende Frau eine Hexe sei, die fliegen könne, und ob es überhaupt Hexen gebe. Dabei behauptet plötzlich einer der Knaben, die Kiste, auf welcher Andrea sitze, sei von dieser Hexe herbeigezaubert worden und enthalte „Teufelszeug".

- Die beiden Grenzwächter haben währenddessen Andreas Gepäck durchgeschaut, werden auf die Discorsi aufmerksam und schauen auch darin nach, „ob etwas über die Religion drin steht". Derartiges aber kann der Schreiber nicht finden. Jetzt ist die „Teufelskiste" dran, welche 34 Bücher enthält. Den Grenzwächtern ist es jedoch zu viel Arbeit, diese Bücher durchzuschauen, schließlich haben sie noch Wichtigeres, d.h. Einträglicheres zu tun, als in Büchern zu stöbern, die im übrigen schon gedruckt sind. Andrea, mit dem Manuskript in der Hand, kann nun die Grenze überschreiten.

- Einer der Jungen, von dem der Zuschauer erfährt, dass er zu arm sei um die Schule zu besuchen, wendet sich zweimal an den „Gelehrten" Andrea mit der Frage, ob man wirklich durch die Luft fliegen könne. Von jenseits der Grenze noch klärt Andrea den Knaben auf: Vielleicht einmal später, dann jedoch nicht auf einem Stock, sondern mit Hilfe einer Maschine: „Wir stehen wirklich erst am Beginn."

Diese Szene war bereits in der dänischen Fassung vorhanden, die amerikanische dagegen machte von ihr keinen Gebrauch, in der Berliner Fassung wurde sie wieder hinzugefügt. Über ihre dramaturgische Notwendigkeit lässt sich streiten, ihre Absicht ist jedoch deutlich erkennbar: Sie versucht in einem komplizierten Geflecht von symbolischen Bezügen noch einmal die wichtigsten Motive zusammenzuführen und darin den Beginn des Theaterstückes gleichsam zu spiegeln. Folgende Stränge könnten aus diesem Geflecht von Kontrastierungen und Spiegelungen herausgefiltert werden:

- Andrea muss Italien verlassen, weil er ein „Gelehrter" ist. Mit dieser irritierenden Logik wird noch einmal die wissenschaftsfeindliche und politisch rückständige Stimmung im katholischen Italien kenntlich gemacht.
- Die Zöllner suchen „etwas über die Religion" und wissen doch nicht, was und wo sie suchen sollen und wozu das wichtig sein soll. Anderes, z.B. das Frühstück, ist wichtiger. Gleichzeitig kommt deren gesunder Menschenverstand Andrea zu Hilfe, als es um die „Teufelskiste" geht: So einen „Unsinn" glauben sie nicht.
- Zwei der Kinder vertreten den an diesem Ort herrschenden Hexenglauben. Der Ärmste unter ihnen aber, der nicht zur Schule geht, stellt diesen Glauben in Zweifel, so dass sich Andrea in diesem wiedererkennen muss und ihn zum Schluss auch mit Namen anspricht.
- Die Frage, ob Menschen fliegen können, entfaltet in dieser Situation ihre knifflige Dialektik, denn Andrea kann sie guten Gewissens weder mit Ja noch mit Nein beantworten. Denn eines Tages werden die Menschen von morgen das machen kön-

nen, was dem gesunden Menschenverstand von heute noch als Hexerei und Teufelswerk erscheinen muss. Der Horizont des Für-wahr-Gehaltenen wird sich noch auf so unvorstellbare Weise verschieben, dass der ratlose Zeitgenosse am besten alles für möglich hält oder aber alles bezweifelt.

- Und schließlich: Das Bewusstsein, am Beginn einer neuen Zeit und am Anfang großer Erfindungen zu stehen, hier wird es dem Zuschauer noch einmal mit auf den Heimweg gegeben. Ein Spannungsverhältnis zwischen diesen letzten, nachdenklichen Worten Andreas und Galileis prustendem Zukunftsoptimismus aus dem ersten Bilde ist deutlich beabsichtigt und lädt zum Vergleichen ein.

Thema	• Die neue Zeit
Motive	• Die Maschinen und das Wunder

Arbeitsaufträge:
Diese vertrackte und gewollte Dialektik zu analysieren ist bestimmt ein Herausforderung für ambitionierte Lehrer und Schüler, könnte aber auch den starken Eindruck des 14. Bildes mit seinem eindringlichen Schlusspunkt abschwächen.

Wenn aber Bedürfnis nach Abrundung und Zusammenfassung besteht, so schlage ich vor, anhand dieses Schlusses noch einmal das Thema der „Neuen Zeit" aufzugreifen:

Erstens durch einen Vergleich der letzten Worte Andreas mit den ersten Galileis. Überprüfen Sie, was aus diesem Badezuber-Enthusiasmus Galileis geworden ist. In welcher Hinsicht mag Andrea Grund zur Zuversicht haben, in welcher Hinsicht erscheint es ratsam, den kommenden Maschinen mit gemischten Gefühlen entgegenzusehen?

Zweitens durch die gemeinsame Lektüre von Brechts begleitenden Stellungnahmen zu diesem Thema. Daran wird zu erkennen sein, wie zwiespältig, fast negativ Brecht selbst der Rede von der Neuen Zeit gegenüberstand: In den 30er Jahren musste dieser Begriff als eine faschistische Propaganda-Parole erscheinen, in den 40er Jahren rückte die „Neue Zeit" unangenehm eng an das „Atomare Zeitalter" heran, so dass beide Male Grund zur Skepsis zu bestehen schien. (☞ Textanalyse)

Drittens: Fragen Sie Ihre Schüler, in wie weit sie selbst angesichts der Rede vom Medien-, Informations-, Computerzeitalter das Empfinden haben, am Beginn einer besonderen Entwicklung zu stehen. (☞ Erörterung)

Zu 2 und 3 siehe nachfolgendes Text- und Arbeitsblatt

Schreibanlass:
Andrea Sarti hat die Grenze Italiens überschritten und es auch geschafft, mit der „Wahrheit unter dem Rock" Deutschland zu durchqueren. In Amsterdam nun, im Kreise von Fachkollegen, wird er mit Fragen bedrängt, wie es um Galilei stehe und was von seinem Widerruf zu halten sei.
❍ Verfassen Sie ein solches Gespräch in Form eines Interviews?

Brecht über die zwei Gesichter der „Neuen Zeit"

„Es ist bekannt, wie vorteilhaft die Überzeugung, an der Schwelle einer neuen Zeit zu stehen, die Menschen beeinflussen kann. Ihre Umgebung erscheint ihnen da als noch ganz unfertig, erfreulicher Verbesserungen fähig, voll von ungeahnten und geahnten Möglichkeiten, als fügsamer Rohstoff in ihrer Hand. Sie selbst kommen sich vor wie am Morgen, ausgeruht, kräftig, erfindungsreich. Bisheriger Glaube wird als Aberglaube behandelt, was gestern noch als selbstverständlich erschien, wird neuem Studium unterworfen. Wir sind beherrscht worden, sagen die Menschen, aber nun werden wir herrschen.
Keine andere Zeile eines Liedes begeisterte die Arbeiter um die Jahrhundertwende stärker als die Zeile „Mit uns zieht die neue Zeit"; die Alten und Jungen marschierten unter ihr, die Ärmsten und Ausgemergeltsten und die sich schon etwas von der Zivilisation erkämpft hatten; sie schienen sich alle jung. Unter dem Anstreicher wurde die unerhörte Verführungskraft dieser Worte ebenfalls erprobt, auch er verhieß eine neue Zeit. Die Worte zeigten da ihre Vagheit und Leere. Ihre Unbestimmtheit, die nun von den Verführern der Massen ausgenutzt wurde, hatte lange die Stärke ausgemacht. Die neue Zeit, das war etwas und ist etwas, was alles betrifft, nichts unverändert läßt, aber doch eben ihren Charakter erst entfalten wird, etwas, in dem alle Phantasie Raum hat, was durch allzu bestimmte Aussagen nur eingeschränkt werden kann. Geliebt wird das Anfangsgefühl, die Pioniersituation, begeisternd wirkt die Haltung des Beginners. Geliebt wird das Glücksgefühl derer, die eine neuen Maschine ölen, bevor sie ihre Kraft zeigen soll, derer, die in eine alte Landkarte einen weißen Fleck ausfüllen, derer, die den Grund eines neuen Hauses ausheben, ihres Hauses.
Dieses Gefühl kennt der Forscher, der die Entdeckung macht, die alles verändern, der Redner, der eine Rede vorbereitet, die eine neue Situation schaffen wird. Furchtbar die Enttäuschung, wenn die Menschen erkennen oder zu erkennen glauben, daß sie einer Illusion zum Opfer gefallen sind, daß das Alte stärker ist als das Neue, daß die „Tatsachen" gegen sie und nicht für sie sind, daß ihre Zeit, die neue, noch nicht gekommen ist. Es ist dann nicht nur so schlecht wir vorher, sondern viel schlechter; denn sie haben allerhand geopfert für ihre Pläne, was ihnen jetzt fehlt, sie haben sich vorgewagt und werden jetzt überfallen, das Alte rächt sich an ihnen. (...)
Der Anstrengung folgt die Erschöpfung, der vielleicht übertriebenen Hoffung die vielleicht übertriebene Hoffnungslosigkeit. Die nicht in Stumpfheit und Teilnahmslosigkeit zurückfallen, fallen in Schlimmeres; die die Aktivität für ihre Ideale nicht eingebüßt haben, verwenden sie nun gegen dieselben! Kein Reaktionär ist unerbittlicher als der gescheiterte Neuerer, kein Elefant ein grausamerer Feind der wilden Elefanten als der gezähmte Elefant.
Und doch mögen diese Enttäuschten immer noch in einer neuen Zeit, Zeit des großen Umsturzes, leben. Sie wissen nur nichts von neuen Zeiten. (...)
Was ist das für ein Gerede: „Neue Zeit"? Ist nicht selbst dieser Ausdruck veraltet? Wo es uns entgegengerufen wird, wird es aus heiseren Kehlen gebrüllt. Es ist eben jetzt die Barbarei, die sich als die neue Zeit gebärdet. Sie sagt von sich, sie hoffe, 1000 Jahre zu dauern."
(B. B., Gesammelte Werke Bd. 17 S. 1103-5)

Erstellen Sie eine Tabelle. Tragen Sie ein, was Brecht für und wider diesen Begriff anführt.

Erörtern Sie:
Auch wir leben - so wird uns immer wieder nahegelegt - am Beginn einer neuen Zeit: Zum Beispiel dem Medien-, dem Informations-, dem Computer-, dem Abrüstungs-, dem Globalisierungs-, dem Vernetzungs- oder dem Freizeit-Zeitalter.

a) Führen Sie an einem ausgewählten Beispiel aus, inwiefern es berechtigt sein könnte, sich am Beginn einer neuen Zeit zu sehen.
b) Stellen Sie dar, welche Hoffnungen und Zweifel Sie dabei bewegen?

a) Überlegt euch mögliche Antworten (in die leere Sprechblase eintragen)
b) Vergleicht eure Antworten mit den folgenden Alternativen. Welche davon erscheint euch passend?

1. Wieso Wahrheit?
2. Die hab ICH doch schon gefunden!
3. Wie bringen wir das jetzt unseren Auftraggebern bei?
4. Das hast du schon letzte Woche gesagt!
5. Mein Gott!! Ist da nichts mehr zu machen?

c) Was hat diese Szene mit dem Galilei-Problem zu tun? Auf welches Bild des Stückes ließe sie sich beziehe?
d) In welchen Bildern ist im „Galilei“ von Wahrheit die Rede? Fertigt eine Zitatensammlung an.

C. ANALYSEN und MATERIALIEN

Strukturen

Die folgenden Arbeitsaufträge können zur Zusammenfassung und Kontrolle der häuslichen Lektüre dienen, zur Vereinheitlichung des Wissensstandes in der Gruppe und schließlich zum Einstieg in die Behandlung ausgewählter Szenen und Themen.

1. Erstellen Sie eine genaue Übersicht der Handlungsorte und -zeiten in Brechts „Galilei".

Bild 1:	Das Studierzimmer des Galilei	in Padua	1609
Bild 2:	Das große Arsenal von Venedig	in Venedig	
Bild 3:	Studierzimmer des Galilei	in Padua	10.1.1610
Bild 4:	Haus des Galilei	in Florenz	
Bild 5:	a) Galileis Studierzimmer	in Florenz	
	b) Vor Galileis Haus	in Florenz	
Bild 6:	Saal des Collegium Romanum	in Rom	1616
Bild 7:	Haus des Kardinals Bellarmin	in Rom	5.3.1616
Bild 8:	Im Palast des Florentinischen Gesandten	in Rom	
Bild 9:	Haus des Galilei	in Florenz	1624
Bild 10:	Marktplatz	in irgendeiner Stadt	Fastnacht 1632
Bild 11:	Im Palast der Medici	in Florenz	1633
Bild 12:	Gemach des Vatikans		
Bild 13:	Im Palast des Florentinische Gesandten	in Rom	22.6.1633
Bild 14:	In einem Landhaus	in der Nähe von Florenz	1637
Bild 15:	Kleine italienische Grenzstadt		1637

2. Gliedern Sie diese Chronik von Ereignissen in zusammengehörende Einheiten und begründen Sie Ihren Gliederungsvorschlag!

3. Erstellen Sie eine Spannungskurve für das gesamte Stück. Wie sieht eine Spannungskurve üblicherweise aus (z.B. im Abenteuerroman, im Kriminalfilm oder Kinofilm)? Vergleichen Sie damit die „Galilei-Kurve".

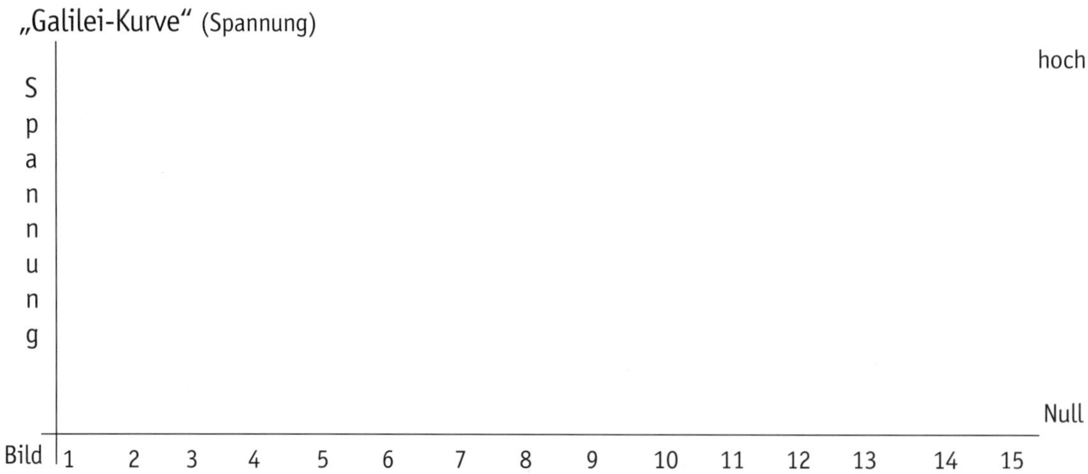

4. Schauen Sie auf einer Landkarte Italiens die Örtlichkeiten an. Suchen Sie auch Holland und überlegen Sie, wie weit Holland von Italien damals entfernt gewesen sein mag? Machen Sie sich Gedanken über Reisetage, Transportmittel und mögliche Routen im Jahre 1609 und 1637. Bedenken Sie dabei die politische Lage in Europa.

Das folgende Arbeitsblatt versucht - in sehr konzentrierter Weise - alle wichtigen Informationen zum Stück in einer Gesamtschau zusammenzufassen. Entscheiden Sie selbst, ob Ihre Klasse jetzt in der Lage ist die Lücken selbst auszufüllen, oder ob Sie besser das fertige Blatt austeilen, besprechen und farbig ausgestalten lassen.

Lösungsvorschlag

Werkübersicht: Zeiten – Orte – Personen – Themen – Motive

Bilder:	1-3	4-8	9-13	14/15
Werke:		„Sidereus Nuncius" (über Jupitermonde)	„Dialog" über die Gezeiten und die Weltsysteme	„Discorsi" über einige Gesetze der Mechanik
Handlungsverlauf:	1609 Galileis Aufstieg	Konflikte – Abmahnung 1616	1624 Neubeginn – Widerruf 1633	Selbstanklage 1637
Dramatis personae:	Wissenschaftler und Bürgertum	Obrigkeit: Fürst, Hofvolk, Kleriker aller Ränge	Wissenschaftler, Volk, Bürgertum und Klerus	Wissenschaftler unter sich
Orte:	Padua / Venedig	Florenz / Rom	Florenz / Rom	bei Florenz

Fragen der Wissenschaft

- Bild 1: Welches Bild der Welt ist das richtige?
- Bild 3: Der Mond und die Jupitermonde: Ist der Himmel jetzt abgeschafft?
- Bild 4: Hilft ein Fernrohr bei der Wahheitsfindung?
- Bild 9: Die Sonnenflecken und Galileis Arbeitsmethoden
- Bild 14: Sinn und Zweck der Wissenschaft

Themen:

- Bild 1: Lob der neuen Zeit
- Bild 3: Über die sanfte Gewalt der Vernunft
- Bild 1,4: Lob des Zeifels
- Bild 7, 8, 9: Über das Leben und das Seelenheil der Bauern in der Campagna
- Bild 9: Lob des Zweifels; Bild 12: Fluch des Zweifels
- Bild 14: Über die soziale Verantwortung des Wissenschaftlers

Motive:

Neue Zeit: Seefahrt und neue Küsten
Lustobjekte: Milch und Weltmodelle
Ansichtssachen: Glotzen oder Sehen?
Verkehrungen von:
- Kopf und Fuß (Wo ist oben und wo ist unten? Bild 1)
- Wahrheit und Irrtum (Wer hat recht? Bild1, 4)
- Zentrum und Peripherie (Wo ist der Himmel? Bild 3)
- Mensch und Tier (Krone der Schöpfung oder Arbeitstier, Bilder 6-9)
- Herr und Knecht (Wer muss wem gehorchen? Bild 10)

Werkübersicht: Zeiten – Orte – Personen – Themen – Motive

Bilder:	1-3	4-8	9-13	14/15
Werke:		„Sidereus Nuncius" (über Jupitermonde)	„Dialog" über die Gezeiten und die Weltsysteme	„Discorsi" über einige Gesetze der Mechanik
Handlungsverlauf:	1609	1616	1624 1633	1637
Dramatis personae:				
Orte:				

Fragen der Wissenschaft: Bild 1: Bild 3: Bild 4: Bild 9: Bild 14:

Themen: Bild 1: Bild 3: Bild 1,4: Bild 7, 8, 9: Bild 9: Bild 14:

Motive:
Neue Zeit: Seefahrt und neue Küsten
Lustobjekte: Milch und Weltmodelle
Ansichtssachen: Glotzen oder Sehen?
Verkehrungen von:
- Kopf und Fuß (Wo ist oben und wo ist unten? Bild 1)
- Wahrheit und Irrtum (Wer hat recht? Bild1, 4)
- Zentrum und Peripherie (Wo ist der Himmel? Bild 3)
- Mensch und Tier (Krone der Schöpfung oder Arbeitstier, Bilder 6-9)
- Herr und Knecht (Wer muss wem gehorchen? Bild 10)

Figuren

Vater, Ziehsohn und natürliche Tochter

Über Galileis widersprüchlichen Charakter ist an mehreren Stellen („Was ist episches Theater? (1)", Tafelanschrieb nach Bild 5) schon genügend gesagt worden. Im folgenden werden die Personen in unmittelbarer Nähe Galileis betrachtet: Andrea und Virginia.

Andrea

Galilei zu Andrea:" Du mußt lernen, vorsichtig zu denken."(Bild 9)

Andrea wächst als Sohn von Galileis Haushälterin vaterlos und in sparsamen Verhältnissen auf. Er zeigt große Neugier, denkt schnell und ist in keiner Weise berechnend oder opportunistisch: Das von ihm für wahr Gehaltene muss heraus, auch wenn keine Chance für positive Rückmeldung besteht: Weder bei der Mutter (Bild 1), noch beim Großherzog Cosmo, noch bei den Gelehrten der Universität Padua (Bild 4).
Galilei ist Andreas Lehrmeister, Ersatzvater, Über-Vater. Er bringt ihm alles bei, nicht nur das neue Weltbild, sondern auch seine wissenschaftliche Vorgehensweise, seine Unduldsamkeit. Andrea zeigt in seinem Verhalten die elitären Züge und die Intoleranz des Neubekehrten, die Überheblichkeit dessen, der nur die eine Wahrheit, die neue, kennt. Sofern diese auch noch mit der absoluten Vater-Figur Galilei verknüpft ist, also auch auf eine Autoritätsperson gründet, muss es für ihn eine umso niederschmetterndere Erfahrung sein, als Galilei widerruft. Daraus erklärt sich auch seine spontan physische Reaktion auf das Erscheinen Galileis in Bild 13: Ihm wird übel. In diesem Augenblick verliert er sowohl seinen Vater als auch den kühlen Verstand, von nun an ist er mit seinem Wissen und seinen gefährlichen Überzeugungen allein, er ist von nun an ein Heimatvertriebener, selbst wenn er in Italien bliebe.
Erklärt sich sein Abschiedsbesuch bei Galilei denn anders als durch dieses Heimat- und Vaterbedürfnis? Seine Begeisterung über die Vollendung der „Discorsi" ist daher umso verständlicher. Die Geschwindigkeit, mit der er seine Meinung ändert und die verachtungsvolle Distanz aufgibt, mutet erstaunlich an, entspringt aber einem nie ganz aufgegebenen Wunsch nach Nähe zu Galilei und damit nach Selbstbestätigung: Er hat nicht umsonst seine ganze Existenz auf diesen Mann gegründet, er hat ihm nicht vergeblich vertraut.
Neben dieser mehr psychologisierenden Deutung darf Brechts Wirkungsabsicht nicht aus den Augen verloren werden: Andrea, der begierigste Schüler Galileis, wird sein heftigster Hasser, sein Antipode: Zuerst als er von ihm um der Astronomie willen Heldentaten erwartet, zu denen er nicht fähig ist (Wer von uns wäre dazu fähig?), und dann als er für Galileis Selbstkritik die benötigten Stichwörter hergibt. Andrea, das ist der beschränkte Spezialist, der dann übrigbleibt, wenn es der Wissenschaft nur um das Wissen geht und nicht in erster Linie um soziale Verantwortung. Andrea, der moderne Wissenschaftlertyp, welcher die Idee der Neuen Zeit in ihrer ganzen Fragwürdigkeit im Herzen weiterträgt und an die menschheitsbeglückende Wirkung noch besserer Maschinen glaubt.

Virginia

Galilei: *„Geh in die Messe."*(Bild 3)
„Sieh nach den Gänsen."(Bild 14)

Virginias Rolle in Brechts „Leben des Galilei" ist eine unglückliche: Ihr widerfährt von Brechts Seite keine historische Gerechtigkeit, sie ist eher eine Konstruktion zu Demonstrationszwecken.
Die historische Virginia - geboren 1600 in Padua und gestorben als Nonne in Arcetri 1634 - war eine von zwei Töchtern, welche Galileis Lebensgefährtin Marina Gamba in Padua ihm gebar. 1611 wurde Virginia nach Florenz mitgenommen, wo sie 1617 zusammen mit ihrer Schwester Livia in das Kloster San Matteo in Arcetri eintrat und den Namen Schwester Maria Celeste annahm. Die Mutter ging nicht mit nach Florenz, sondern blieb in Padua, wo sie später heiratete. Virginia soll Galileis Lieblingstochter gewesen sein. Während der schwierigen Zeit der Verhandlungen mit dem Heiligen Offizium und in der nachfolgenden Verbannung pflegte sie ihren Vater hingebungsvoll. Ihr Tod 1634 bedeutete für Galilei einen schweren Verlust.
In Brechts Drama verkörpert sie den Typ Opfer in dreifacher Hinsicht:

1. Opfer ihrer traditionellen Geschlechterrolle: Sie akzeptiert ihre Rolle als frommes, gottesfürchtiges Mädchen, treu ausharrende Verlobte und fürsorgliche Pflegerin ihres launischen Vaters. Sicher erscheinen viele ihrer Äußerung als naiv. Jedoch: Während Galilei den jungen Andrea kostenlos zum fast gleichberechtigten Gefährten hochzieht, wird Virginia sehr bewusst aus den Männersachen herausgehalten. In Bild 3 zeigt sie echtes Interesse für das Fernrohr und würde gerne an den Entdeckungen teilhaben, es wird ihr aber keine Chance gegeben:

Virginia: Darf ich durchschauen?
Galilei: Warum? (Virginia weiß keine Antwort) Es ist kein Spielzeug. (...)
Virginia: Hast du nichts Neues mehr am Himmel mit ihm gesehen?
Galilei: Nichts für dich.

Wollte er Virginia vielleicht schützen, ihr die unwissende Unschuld nicht nehmen? Oder ging er davon aus, dass Physik und Astronomie Männersache sind und bleiben sollen? Hielt er sie für dumm? Oder soll der Zuschauer ein Stück von diesem sympathischen Herrn Galilei abrücken?

2. Virginia ist Opfer von Galileis Forscherleidenschaft: Dies wird in Bild 9 überdeutlich, ja man könnte fast vermuten, dass diese Szene der eigentliche Grund für Virginias Vorkommen im Stück ist. Ihr unverschuldetes Unglück wirft einen dunklen Schatten auf Galileis Charakter. Ist er etwa ein Charakterschwein, ein Rabenvater, ein Besessener? Für das Publikum, auch für den nüchtern beobachtenden Zuschauer, muss diese Wendung überraschend kommen, emotionale Reaktionen dürften nicht ausbleiben, man ist zurecht über Galileis Verhalten („Ich muss es wissen.") empört. Dieser Effekt ist gezielt eingesetzt.

3. Virginia ist Opfer ihrer Frömmigkeit und dadurch ein Instrument der Kirche: In ihrer einfachen und zugleich so festen Gläubigkeit erscheint sie immer mehr als verführtes, missbrauchtes Geschöpf. Wenn Sie den doppelbödigen Reden des Inquisitors nichts entgegenzusetzen hat, dann ist dies auch ein Ergebnis von Galileis Erziehung - wenn man das so nennen kann. Und wenn sie in Bild 14 mehr als Wächterin denn als Pflegerin erscheint, die von ihrem Vater hinters Licht geführt wird, dann ist sie auch in der Gunst des Publikums herabgewürdigt.

Zusammenfassung: Die Gestaltung Virginias ist Brecht sehr flach geraten. Ihr wird kein reiches, widerspruchsvolles Innenleben gegönnt, sie ist um gewisser Effekte willen da, auch in diesem Zusammenhang könnte das Wort Opfer verwendet werden.

Das Beziehungsdreieck Vater, natürliche Tochter und angenommener Sohn gestaltet sich sehr kontrastreich und kann von Schülern gut in folgender Figur dargestellt werden:

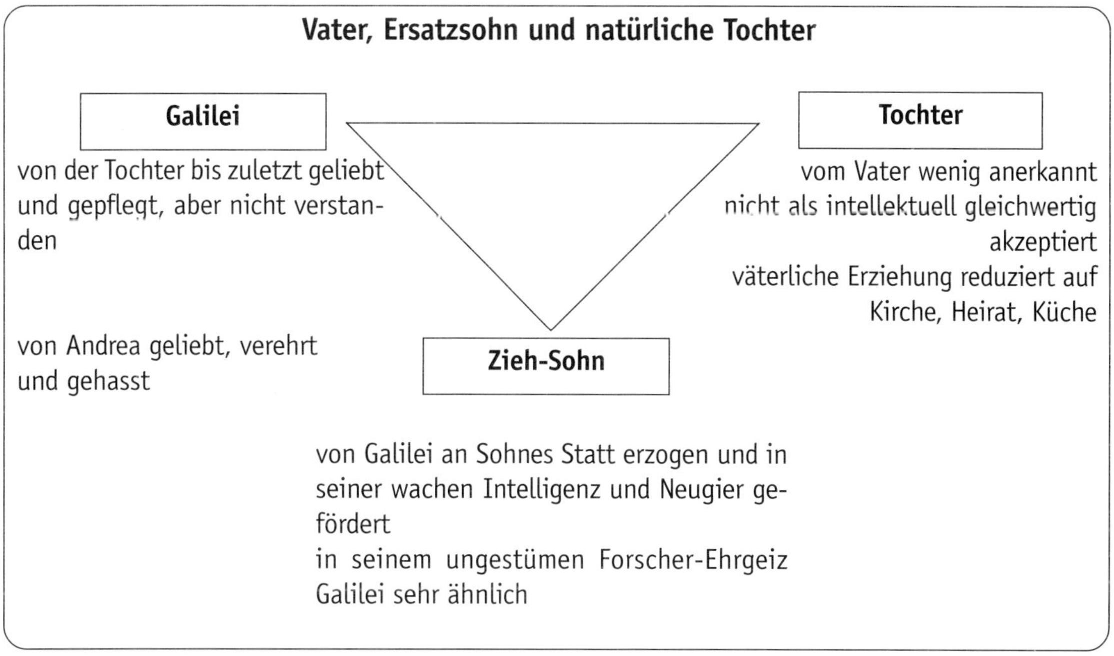

Sozialer Gestus: flacher Charakter und innere Widersprüchlichkeit

Was bei der Person Virginias schmerzt, ihre dramaturgische In-Dienst-Nahme für Zeige-Zwecke, das leuchtet bei anderen (Neben-)Figuren schon eher ein. Sie vertreten eine gesellschaftlichen Typus, in ihrem Auftreten, ihren Reden und ihrer Sprache spiegeln sie Denk- und Verhaltensweisen ihrer sozialen Stellung.

- Ludovico, der junge Adlige, welcher alles unter dem Gesichtspunkt der gesellschaftlichen Konvention sieht und dabei nur Sprachrohr seiner Mutter, der Gutsbesitzerin, ist.
- Vanni, der Eisengießermeister, welcher die praktischen Interessen des zum Bürgertum aufstrebenden Handwerkers vertritt.
- Federzoni, der Linsenschleifer, der als „gelehrter“ Handwerker den Techniker der Zukunft erkennen lässt, auf welchen der Wissenschaftler immer weniger wird verzichten können.
- Priuli, der Universitätsbeamte mit dem pragmatischen Begriff von der Freiheit der Wissenschaft.
- Die Florentinischen Hofgelehrten, die „dicken“, „dünnen“ und „alten“ Kleriker, sind alle Sprachhülsen ihrer gesellschaftlichen Institution, ihr Charakter ist widerspruchsfrei, ihr ‚Gestus‘ fällt zusammen mit ihrer sozialen Rolle.
- Der Inquisitor, der vornehmlich im Hintergrund agierende Chef der kirchlichen Sicherheitsbehörden.

  Brecht spricht in diesem Zusammenhang vom „gestischen Prinzip“ und fordert vom Schauspieler, dass durch die Art, wie er seine Rolle spielt gleichzeitig erkennbar wird, was von dieser Person zu halten ist.

  (vgl. Kleines Organon §49 und §63)

Es gibt aber auch Nebenfiguren, denen Brecht mehr Profil verleiht: Dies sind interessanterweise Vertreter des höchsten und des niedersten Klerus:

- Die Kardinäle Bellarmin und Barberini, Männer mit zwei Gesichtern („Masken"); als aufgeklärte und wissenschaftlich gebildete Persönlichkeiten wissen sie um die Logik der Machterhaltung und können doch zugleich den Zweifel an deren innerer Logik nicht verdrängen. Dies wird sich dann bei Barberini-Urban zeigen, wenn er sich zu entscheiden hat zwischen persönlichen Überzeugungen und äußeren Erwartungen (Bild 12)
- Fulganzio, der Geistliche und Physiker, gewinnt gerade durch diese Doppelrolle an Kontur. In seiner inneren Widersprüchlichkeit wächst er in Bild 8 zum ebenbürtigen Gesprächpartner heran.
- Aber auch Frau Sarti, die treue Haushälterin, trägt in sich einen Widerspruch aus: Den zwischen praktischer Vernunft in Überlebensfragen und Unbelehrbarkeit in Fragen der Welt-Anschauung. Darin ist sie Galilei diametral entgegengesetzt und in ihrer menschlichen Wärme sympathisch.

Zusammenfassend ist festzustellen, dass die Figuren des Dramas von Brecht unterschiedlich ausgestattet wurden: Alle sind Vertreter einer geistigen Haltung, einer sozialen Klasse oder einer Zunft.
Aber einige sind nur Repräsentanten und dadurch Funktionselemente einer klar erkennbaren dramaturgischen Wirkungsabsicht; während anderen die Gnade eines widersprüchlichen Innenlebens gewährt wird. Letztere sind für das Publikum wesentlich interessanter und können sogar Anspruch auf dessen Sympathie erheben!

Es ist lohnend, dies am Beispiel der Kardinäle und des Inquisitors in den Bildern 7 und 12 mit den Schülern durchzudenken, allesamt sind sie ja Vertreter höchster kirchlicher Macht. Dennoch wirken sie sehr unterschiedlich. Hier ein paar Hinweise:

Bild 7:

Äußeres Erscheinungsbild:

Die Kardinäle erscheinen - auch äußerlich - als 'Doppelnaturen', sie tragen Masken.

der Inquisitor hingegen bleibt unmaskiert eindimensionaler Vertreter seiner Institution.

Formen der Ironie:

Auf beiden Seiten ist eine Form von Verstellung erkennbar, bei den Kardinälen aus Lust am intellektuellen Gedankenspiel mit dem ebenbürtigen Galilei,

beim Inquisitor als dämonisches Versteckspiel mit der eingeschüchterten Virginia.

Machtausübung:

Von beiden Seiten wird Macht ausgeübt, bei den Kardinälen offen und durchaus mit Verständnis für Galileis Lage,

beim Inquisitor durch Drohungen, verkleidet in gute Ratschläge (auch eine Maskierung!)

Es ist zu vermuten, dass die Kardinäle vom Zuschauer als interessante, nicht ganz unsympathische Charaktere eingeschätzt werden, ganz im Gegensatz zu dem Inquisitor. Betrachten wir jetzt noch das zweite Zusammentreffen dieser Figuren in

Bild 12:

Der Papst ist deutlich hin- und hergerissen, er schwankt zwischen seinen Überzeugungen, seine Argumente werden immer hilfloser, zum Schluss entscheidet er zwar als oberster Kirchenvertreter, aber diese Entscheidung basiert stark auf emotionaler Kränkung durch Galileis Wortbruch.

Der Inquisitor schwankt nicht, er ist emotionslos berechnend, indem er die wissenschaftli che Seite der Angelegenheit beiseite schiebt. Stattdessen spielt er gezielt mit den persönli chen Empfindlichkeiten des Papstes:
Galilei ist ein schlechter Mensch und hat den Papst persönlich beleidigt.

These: Die Zuschauer-Sympathie für Papst Urban nimmt in dem Maße ab, wie er mit seiner gesellschaftlichen Rolle identisch wird.

Figuren und...

Virginia – die Tochter	Andrea – der Schüler	Frau Sarti – die Haushälterin	Ludovico – der junge Adlige
Federzoni – der Linsenschleifer	Sagredo – der Freund	Fulganzio – der kleine Mönch	Papst Urban VIII.
Der Inquisitor	Pater Clavius – der Astronom	Vanni – der Eisengießer	Cosmo – der Großherzog
Der Doge von Venedig	Die Balladensänger	Die Grenzwächter	Philosoph, Theologe, Mathematiker
Kardinal Bellarmin	Priuli – der Kurator	dicker Prälat, sehr dünner Mensch etc.	Sekretäre

Konstellationen:

Wählen Sie möglichst viele Figuren aus und bringen Sie diese in ein Schema, das die persönlichen Beziehungen und soziale Stellungen (oder sonst Bemerkenswertes) sichtbar werden lässt. Pfeile, Linien, Rahmen, Farben dürfen verwendet werden. Vergessen Sie nicht Galilei selbst! Ein paar Gestaltungsvorschläge:

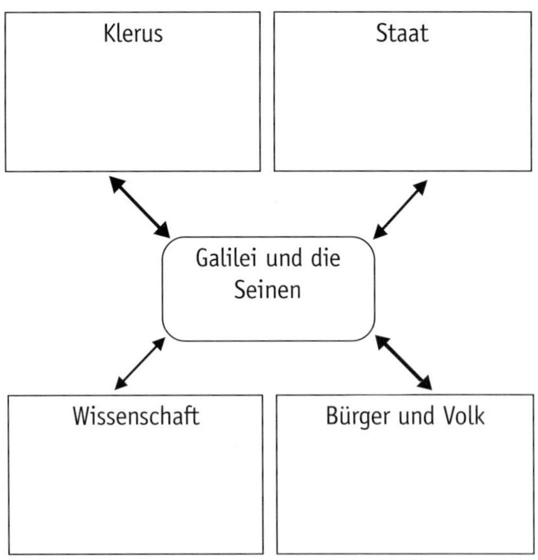

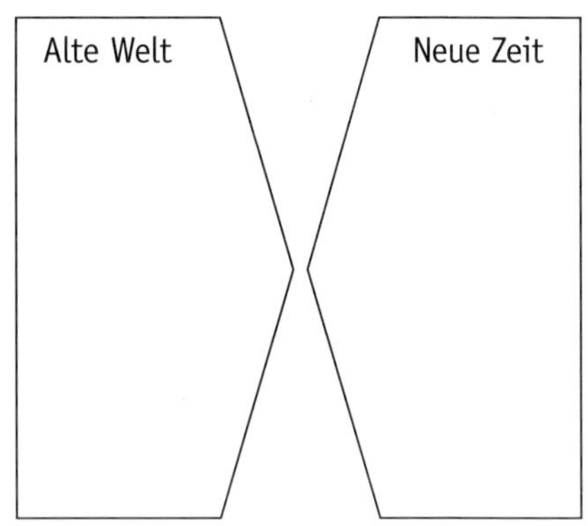

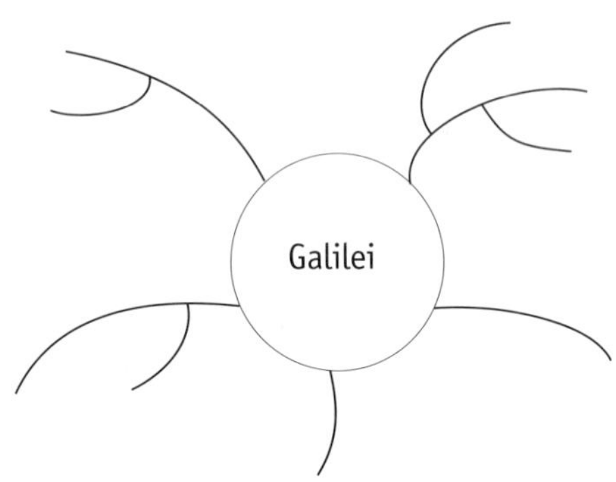

Stellen Sie Ihr Diagramm vor und erklären Sie, welche Einsichten es erlaubt und welche Beziehungsaspekte dadurch noch nicht zufriedenstellen erklärt werden können.

Arbeiten mit Szenenfotos

Theaterstücke sind zum Anschauen. Da die Gelegenheiten hierzu sich leider nur selten ergeben, muss man sich anderweitig behelfen. Darum die folgenden Seiten und Vorschläge. Mit ihnen ließe sich die Behandlung von Brechts „Leben des Galilei" produktiv und anschaulich abschließen.
Die Szenenfotos auf den nachfolgenden Seiten entstammen der „Galilei"-Aufführung, die im Frühjahr 1998 im „Alten Schauspielhaus" in Stuttgart gegeben wurde.
Die Fotos auf der ersten Doppelseite zeigen Galilei - gespielt von Wolf Dieter Tropf - in sehr unterschiedlichen Situationen:
als den Verkünder der neuen Zeit (Szene 1),
als den unterwürfigen Gelehrten, der zum Teleskop bittet (Szene 4),
als den ebenbürtigen Gesprächspartner, der mit den Kardinälen diskutiert (Bild 7) und
als den Abgemahnten, Erniedrigten, welchem seine Ohnmacht demonstriert wurde (Bild 7).

Die nächste Doppelseite konzentriert sich auf Personen im Umfeld Galileis. Es sind dies
Galilei und Priuli, der Kurator der Universität Padua (Szene 1 oder 3),
der Klerus auf schwankender Erde (Szene 6)
Galilei und Ludovico, im Hintergrund Frau Sarti (Szene 9)
schließlich Virginia und Frau Sarti (Szene 9).

Die letzte Seite zeigt Galilei und Andrea am Anfang und am Ende ihrer Beziehung:
Der Meister und sein gelehriger Musterschüler (Szene 1),
der zynische alte Mann und sein verlorener Sohn (Szene 14).

Arbeitsvorschläge:
1. Teilen Sie an Schülergruppen Kopien der Fotoseiten aus. Die Schüler sollen nun gemeinsam
   a) überlegen, aus welchen Szenen ihre Bilder stammen können,
   b) zu jedem Bild eine Überschrift finden, die knapp und treffend dessen Inhalt wiedergibt,
   c) jedem Bild mindestens eine Textstelle aus der jeweiligen Szene zuordnen,
   d) mittels Pfeilen, Rahmen oder Sprechblasen diese Seite grafisch ansprechend gestalten und
   e) schließlich ihr Ergebnis den anderen Gruppen vorstellen und erklären.

Besitzt die Klasse ein eigenes Klassenzimmer, so können die Seiten dann an der Wand aufgehängt werden. Noch weiter in Richtung Bild-Dokumentation und Klassenzimmergestaltung geht der nächste Arbeitsvorschlag:

2. Einen „Leben des Galilei"-Wandfries erstellen:
   Kopieren und zerschneiden Sie die folgenden Seiten und geben Sie Schülern nur ein Foto zusammen mit einem leeren Din-A4 Blatt. Die Schüler sollen
   a) überlegen, aus welcher Szene ihr Bild stammt,
   b) zu dem Bild eine Überschrift finden, die knapp und treffend dessen Inhalt wiedergibt,
   c) dem Bild mindestens eine Textstelle aus der jeweiligen Szene zuordnen,
   d) Foto, Überschrift und Zitate mittels Pfeilen, Rahmen oder Sprechblasen auf dem leeren Blatt grafisch ansprechend zusammenfügen und
   e) ihr Ergebnis den anderen Gruppen vorstellen.

Abschließend, als Gemeinschaftsprojekt, werden die gestalteten Einzelblätter zu einem Wandfries im Klassenzimmer zusammengefügt. Da hierbei noch nicht alle 15 Szenen des Stückes berücksichtigt sind, können die Lücken durch weitere Materialien aufgefüllt werden, z.B. hand- oder computergeschriebene Zitat-Poster, historische Portraits von Galilei und wichtigen Zeitgenossen, Landkarten und astronomische Weltbilder. Hier können die am Anfang der Unterrichtseinheit gebildeten Referenten- und Spezialisten-Gruppen noch einmal ihre Materialien einbringen.

❶

❷

❸

❹

❺

❻

❼

❽

⑨

⑩

Bertolt Brecht über Verfremdungseffekt und episches Theater

42
Die Spielweise, welche zwischen dem ersten und zweiten Weltkrieg am Schiffbauerdammtheater in Berlin ausprobiert wurde, um solche Abbilder herzustellen, beruht auf dem »Verfremdungseffekt« (V-Effekt). Eine verfremdende Abbildung ist eine solche, die den Gegenstand zwar erkennen, ihn aber doch zugleich fremd erscheinen läßt (...)
44
Das lange nicht Geänderte nämlich scheint unänderbar. Allenthalben treffen wir auf etwas, das zu selbstverständlich ist, als daß wir uns bemühen müßten, es zu verstehen. Was sie miteinander erleben, scheint den Menschen das gegebene menschliche Erleben. Das Kind, lebend in der Welt der Greise, lernt, wie es dort zugeht. Wie die Dinge eben laufen, so werden sie ihm geläufig. Ist einer kühn genug, etwas nebenhinaus zu wünschen, wünschte er es sich nur als Ausnahme. Selbst wenn er, was die »Vorsehung« über ihn verhängt, als das erkennte, was die Gesellschaft für ihn vorgesehen hat, müßte ihm die Gesellschaft, diese mächtige Sammlung von Wesen seinesgleichen, wie ein Ganzes, das größer ist als die Summe seiner Teile, ganz unbeeinflußbar vorkommen - und dennoch wäre das Unbeeinflußbare ihm vertraut, und wer mißtraut dem, was ihm vertraut ist? Damit all dies viele Gegebene ihm als ebensoviel Zweifelhaftes erscheinen könnte, müßte er jenen fremden Blick entwickeln, mit dem der große Galilei einen ins Pendeln gekommenen Kronleuchter betrachtete. Den verwunderten diese Schwingungen, als hätte er sie so nicht erwartet und verstünde es nicht von ihnen, wodurch er dann auf die Gesetzmäßigkeiten kam. Diesen Blick, so schwierig wie produktiv, muß das Theater mit seinen Abbildungen des menschlichen Zusammenlebens provozieren. Es muß sein Publikum wundern, und dies geschieht vermittels einer Technik der Verfremdungen des Vertrauten.
45
Welche Technik es dem Theater gestattet, die Methode der neuen Gesellschaftswissenschaft, die materialistische Dialektik, für seine Abbildungen zu verwerten. Diese Methode behandelt, um auf die Beweglichkeit der Gesellschaft zu kommen, die gesellschaftlichen Zustände als Prozesse und verfolgt diese in ihrer Widersprüchlichkeit. Ihr existiert alles nur, indem es sich wandelt, also in Uneinigkeit mit sich selbst ist. Dies gilt auch für die Gefühle, Meinungen und Haltungen der Menschen, in denen die jeweilige Art ihres gesellschaftlichen Zusammenlebens sich ausdrückt.
46
Es ist eine Lust unseres Zeitalters, das so viele und mannigfache Veränderungen der Natur bewerkstelligt, alles so zu begreifen, daß wir eingreifen können. Da ist viel im Menschen, sagen wir, da kann viel aus ihm gemacht werden. Wie er ist, muß er nicht bleiben; nicht nur, wie er ist, darf er betrachtet werden, sondern auch, wie er sein könnte. Wir müssen nicht von ihm, sondern auf ihn ausgehen. Das heißt aber, daß ich mich nicht einfach an seine Stelle, sondern ihm gegenüber setzen muß, uns alle vertretend. Darum muß das Theater, was es zeigt, verfremden.
47
Um V-Effekte hervorzubringen, mußte der Schauspieler alles unterlassen, was er gelernt hatte, um die Einfühlung des Publikums in seine Gestaltungen herbeiführen zu können. Nicht beabsichtigend, sein Publikum in Trance zu versetzen, darf er sich selber nicht in Trance versetzen. (...)
48
In keinem Augenblick läßt er es zur restlosen Verwandlung in die Figur kommen. Ein Urteil: »er spielte den Lear nicht, er war Lear«, wäre für ihn vernichtend. Er hat seine Figur lediglich zu zeigen oder, besser gesagt, nicht nur lediglich zu erleben; dies bedeutet nicht, daß er, wenn er leidenschaftliche Leute gestaltet, selber kalt sein muß. Nur sollten seine eigenen Gefühle nicht grundsätzlich die seiner Figur sein, damit auch die seines Publikums nicht grundsätzlich die der Figur werden. Das Publikum muß da völlige Freiheit haben.
49
Dies, daß der Schauspieler in zweifacher Gestalt auf der Bühne steht, als Laughton und als Galilei, daß der zeigende Laughton nicht verschwindet in dem gezeigten Galilei, was dieser Spielweise auch den Namen »die epische« gegeben hat, bedeutet schließlich nicht mehr, als daß der wirkliche, der profane Vorgang nicht mehr verschleiert wird - steht doch auf der Bühne tatsächlich Laughton und zeigt, wie er sich den Galilei denkt. (...)
50
Noch eine andere Änderung in der Übermittlung der Abbildungen durch den Schauspieler ist nötig, und auch sie macht den Vorgang »profaner«. Wie der Schauspieler sein Publikum nicht zu täuschen hat, daß nicht er, sondern die erdichtete Figur auf der Bühne stehe, so hat er es auch nicht zu täuschen, daß, was auf der Bühne vorgeht, nicht einstudiert sei, sondern zum erstenmal und einmalig gesche he. Die Schillersche Unterscheidung, daß der Rhapsode seine Begebenheit als vollkommen vergangen, der Mime die seinige als vollkommen gegenwärtig zu behandeln habe', trifft nicht mehr so zu. Es soll in seinem Spiel durchaus ersichtlich sein, daß »er schon am Anfang und in der Mitte das Ende weiß«, und er soll »so durchaus eine ruhige Freiheit behalten«. In lebendiger Darstellung erzählt er die Geschichte seiner Figur, mehr wissend als diese und das »Jetzt« wie das »Hier« nicht als eine Fiktion, ermöglicht durch die Spielregel, setzend, sondern es trennend vom Gestern und dem andern Ort, wodurch die Verknüpfung der Begebnisse sichtbar werden kann.
51
Dies ist besonders wichtig bei der Darstellung von Massenereignissen oder wo die Umwelt sich stark verändert, wie bei Kriegen und Revolutionen. Der Zuschauer kann dann die Gesamtlage und den Gesamtverlauf vorgestellt bekommen.

Aus Bertolt Brecht:
Kleines Organon für das Theater (1948/49),
Jubiläumsausgabe Bd.6 S. 535-539,
Suhkamp Verlag Frankfurt a.M. 1997

Schlussmonolog des 13. Bildes der amerikanischen Fassung

Arbeitsaufgabe:
Übersetzen und vergleichen Sie mit der deutschen Fassung (Bild 14)

ANDREA Science is not concerned with our personal weakness.

GALILEO No? My dear Sarti, inspite of my present convictions I may still be able to give you a few pointers as to the concerns of your chosen profession. (...)

In my spare time, I happen to have gone over this case. I have spare time. Even a man who sells wool, however good he is at buying wool cheap and selling it dear, must be concerned with the standing of the wool trade. The practice of science would seem to call for valour. She trades in knowledge, which is the product of doubt. And this new art of doubt enchanted the public. The plight of the multitude is old as the rocks, and is taught to be basic as the rocks. But now they had learned of doubt. They snatched the telescopes out of our hands and had them trained on their tormentors, prince, official, public moralist. The mechanism of the heavens was clearer, the mechanism of their courts was still murky. The battle to measure the heavens is won by doubt; by credulity the Roman housewife's battle for milk will always be lost. Word is passed down that this is no concern to the scientist who is told he will only release such of his findings as do not disturb the peace. Does not this commonly reduce itself to the peace of mind of the well-to-do? Threats and bribes fill the air. Can the scientist hold out on the numbers? For what reason do you labour? I take it the intent of science is to ease up human existence. If you give way to coercion, science can be crippled. Your new machines may simply suggest new drudgeries. You may in time discover all there is to be discovered, but if you yield to coercion your progress must be a progress away from the bulk of humanity. The gulf between you and humanity might even grow so wide that the sound of your cheering at some new achievement could be echoed by a universal howl of horror. As a scientist I had an almost unique opportunity. In my day astronomy emerged into the market-places. At that particular time, had one man put up a fight, it would have had wide repercussions. I have formed the opinion, Sarti, that I was never in real danger; for some years I was as strong as the authorities, and I surrendered my knowledge to the powers that be, to use it, abuse it, just as it suits their ends. I have betrayed my profession. Any man who does what I have done must not be tolerated in the ranks of science.

VIRGINIA *who has stood motionless:* You are accepted in the ranks of the faithful, father.

B. Brecht, Große Kommentierte Berliner u. Frankfurter Ausgabe, Stücke 5, S. 129f

Biografisches

Der „Fall Galilei": Warum wurde Galilei angeklagt?

Dieser Frage wird in zwei Aufsätzen nachgegangen, welche ich hier exemplarisch heranziehe. L.S. Lerner und E. A. Gosselin zeigen in ihrer Abhandlung „Galileo Galilei und der Schatten des Giordano Bruno" (aus: Newtons Universum, hrsg. von E. Seibold und W. Neuser, Spektrum der Wissenschaft Heidelberg 1990), dass Galileis Verfolgung durch die Inquisition dadurch zustande kam, weil er fälschlicherweise für einen Anhänger des 1600 verbrannten Giordano Bruno gehalten wurde.

Giordano Bruno 1548-1600

Dieser war aber weniger Naturwissenschaftler als religiöser Mystiker und politischer Schwarmgeist. Bruno hatte in seiner Schrift „Das Aschermittwochsmahl" (1584) zwar das kopernikanische Weltbild vertreten, jedoch nicht wegen seiner astronomischen Korrektheit. Vielmehr diente ihm das heliozentrische Weltbild als metaphorisches Modell für weitergehende philosophisch-mystische Spekulationen. Bruno stellte Analogien her zwischen den Planenten, den Menschen und den Religionen: Im ptolemäischen Weltbild herrschte ein grundlegender Unterschied zwischen der für ruhend gehaltenen Erde und den Planeten und Sternen, die sich auf konzentrischen Sphären um die Erde bewegen. Im kopernikanischen Weltbild dagegen kommt der bewegten Erde und den bewegten Sternen gleicher Rang zu. Bruno bevölkerte ein unendliches Universum mit einer unendlichen Zahl von Sternen, die alle in Bewegung und gleichrangige Mittelpunkte ihrer Umgebung sind. So wird das kopernikanische Weltbild zu einer grandiosen Metapher von Gleichheit, wie auch der Mensch selbst das göttliche Pinzip so in sich birgt, dass jeder gleich nah zu Gott steht.

Mit dem neuen Weltbild sollte auch ein neues Goldenes Zeitalter eingeleitet werden, in welchem die Unterschiede zwischen den damaligen politisch-religiösen Parteien der christlichen Welt aufgehoben sind.

Bruno bereiste halb Europa in politischer Mission und bewegte sich frei zwischen dem protestantischen englischen Hof und dem französischen katholischen Hof, wobei er nacheinander die englische Königin Elisabeth I., den französischen Heinrich III. und schließlich Heinrich IV. als inspirierte und erleuchtete Wegweiser in das neue Zeitalter betrachtete.

Nach seiner Verhaftung in Venedig und sieben Jahren Kerker in Rom war er für die päpstliche Autorität keine Gefahr mehr, jedoch scheint seine Hinrichtung „der Beitrag des Papstes zu einem kleinen politischen Kuhhandel mit den spanischen Habsburgern gewesen zu sein." (S.99) Damit machte der Heilige Stuhl deutlich, dass er eine Infragestellung der religiösen Orthodoxie und des politischen status quo nicht dulden würde, wodurch die spanische Seite in ihrer Auseinandersetzung mit Frankreich und England beruhigt war.

Galilei – Bruno

Wie Galilei hatte auch Bruno in Italienisch und nicht in Latein veröffentlicht, ebenso auch in der Form des Dialoges. Galileis Eintreten für das kopernikanische Weltbild – obgleich diesmal aus der inneren Logik der Astronomie heraus – weckte daher Erinnerungen an den religiösen Erneuerungseifer des Bruno, die dieser mit dem heliozentrischen Weltbild verknüpft hatte.

Des weiteren schien das Papsttum sich 1632 in einer ähnlichen weltpolitischen Konstellation zu befinden wie 40 Jahre zuvor: Frankreich hatte dem schwedischen König Gustav Adolf seine Unterstützung zugesagt, dessen militärischen Erfolge im 30jährigen Krieg waren so aufsehenerregend, dass der Bestand der katholischen Kirche in Deutschland und der politische Bestand des Heiligen Römischen Reiches in Europa gefährdet schien. Wieder galt es ein Zeichen zu setzen, das die spanischen Habsburger beruhigte und Distanz zu Frankreich demonstrierte.

In dieser Situation hatte Galilei - wohl in einem Anflug von Selbstüberschätzung - es mit seinem „Dialog über die beiden hauptsächlichen Weltsysteme" fertiggebracht, Papst Urban zu kränken, indem er die Ablehnung des kopernikanischen Weltbildes dem beschränkten und dogmatischen Simplicio in den Mund legt. Urban fühlte sich verspottet.
„So wurde Galilei, wie vor ihm Giordano Bruno, zum symbolischen Opfer in einer Zeit, die auf Symbole großen Wert legte. Er war ein weithin sichtbares Opfer von gesamteuropäischem Ansehen, und seine exemplarische Bestrafung wiederholte die im Jahre 1600 ausgesprochene Lehre: Jede Politik gegen die Habsburger, für Frankreich und für religiöse Nachgiebigkeit ist mehr oder weniger ketzerisch." (S.103)

Der zweite Aufsatz zum „Fall Galilei" von Owen Gingerich (a.a.O.) beschäftigt sich mit der obigen Frage aus einer etwas anderen, wissenschaftshistorischen Perspektive:
Mit Galilei und seinem Gebrauch des Fernrohrs vollzog sich ein Übergang von deduktiven zu induktiven Verfahrenweisen in der Wissenschaft. Beide Verfahren waren den zeitgenössischen Gelehrten geläufig und von ihnen akzeptiert, aber nur eines von beiden, nämlich das deduktive Verfahren konnte absolute Wahrheiten ergeben, und um nichts anderes ging es schließlich, wenn die Autorität der Bibel, des offenbarten Gotteswortes in Frage stand.

Induktion

Beim induktiven Verfahren werden aus der Beobachtung von Vorgängen Schlüsse etwa der Art gezogen: Ein Schwan wird beobachtet, er ist weiß. Ein anderer ist auch weiß, viele sind weiß, jeder beobachtete Schwan ist weiß. Daraus kann der Schluss gezogen werden, dass Schwäne mit großer Wahrscheinlichkeit weiß sind, bewiesen ist damit aber streng genommen nicht, dass jeder Schwan weiß ist, denn es kann immer noch ein schwarzer Schwan auftauchen.

Deduktion

Deduktiv hergeleitete Sätze können dagegen das Prädikat „absolut wahr" erhalten, sofern sie aus wahren Prämissen abgeleitet sind. Betrachten wir z.B. folgenden Syllogismus:

A) Wenn es regnet, sind die Straßen nass.
B) Es regnet.
C) Also sind die Straßen nass.

Der Schluss c aus den Prämissen a und b dürfte als unbestreitbar gelten.
Folgende Umkehrung aber ist nicht zulässig:

a) Wenn es regnet, sind die Straßen nass.
b) Die Straßen sind nass.
c) Also regnet es.

Der Umstand, dass die Straßen nass sind, kann immer noch andere Ursachen haben als den Regen. Einen solchen logischen Fehlschluss hat Galilei begangen, als er die Behauptung aufstellte, die Phasen der Venus seien ein Beweis für das kopernikanische Weltbild. Sie sind zwar ein starkes Argument gegen das geozentrische Modell, das heliozentrische Modell muss aber nicht das einzig mögliche Erklärungsmodell sein. Dieser Kurz-Schluss hatte ihm wohl schon die Kritik Keplers eingebracht und im Jahre 1616 erteilt der durchaus wohlgeneigte Kardinal Bellarmin einem Mitstreiter Galileis folgenden ausführlichen Ratschlag:

„ Es scheint mir, daß Sie und Galilei klug täten, wenn Sie sich begnügten, nicht absolut, sondern „ex suppositione" zu sprechen, wie es, wie ich immer geglaubt habe, Copernicus getan hat. Denn wenn man sagt: unter der Voraussetzung, daß die Erde sich bewege und die Sonne still stehe, lassen sich alle Erscheinungen besser erklären als durch die Annahme der exzentrischen Kreise und Epizyklen, so ist das sehr gut gesagt und hat keine Gefahr, und das genügt dem Mathematiker.
Wenn man aber behaupten will, die Sonne stehe wirklich im Mittelpunkte der Welt und bewege sich nur um sich selbst, ohne von Osten nach Westen zu laufen, und die Erde stehe am dritten Himmel und bewege sich mit der größten Schnelligkeit um die Sonne: so läuft man damit große Gefahr, nicht nur alle Philosophen und scholastischen Theologen zu reizen, sondern auch dem heiligen Glauben zu schaden, indem man die Heilige Schrift lügen straft. (...) Wenn bewiesen ist, dass unter der Voraussetzung, dass die Sonne im Mittelpunkt und die Erde am Himmel stehe, sich die Erscheinungen erklären lassen, so ist damit nicht auch schon bewiesen, dass wirklich die Sonne im Mittelpunkt und die Erde am Himmel steht."
(aus einem Brief Bellarmins an Pater Foscarini, a.a.O. S.111)

Hypothese oder Wahrheit

Galilei hat aus einer wissenschaftlichen Hypothese – so wollte es der Vatikan von ihm und daran hielt er sich auch die ganzen Jahre – dann doch eine physikalische Tatsache gemacht.
Durch das Fernrohr war er schon früh zu Beobachtungen gelangt, die neue Sachverhal te ergaben und der Erklärungen bedurften: Die Mondoberfläche, die Existenz von vier Jupitermonden und die Phasen der Venus. Insbesondere letztere sah er als Beweis für das kopernikanische Weltbild an, was aber von der deduktiven Logik her nicht zwingend ist: Die Tatsache, dass das ptolemäische Modell die Venusphasen nicht erklären kann, zwingt nicht zu der Annahme, dass einzig und allein das kopernikanische das richtige Weltbild ist. Lediglich die kopernikanische Hypothese wird dadurch erhärtet, nicht aber eine endgültige Wahrheit gefunden.
Es gab also – ausgehend von der damals herrschenden deduktiven Logik – gute Gründe die heliozentrische Erklärung lediglich als astronomische Hypothese zu betrachten und dem induktiven Erklärungsansatz skeptisch zu begegnen.
Galilei verfasste nun den „Dialog über die hauptsächlichen Weltsysteme", worin er versucht, das Phänomen der Gezeiten zu erklären mit dem Ziel, die kopernikanische Hypothese zu beweisen. Ebbe und Flut erklären sich darin aus den täglichen Schwankungen in der Erdumlaufgeschwindigkeit, die dadurch zustandekommen soll, dass sich Eigenrotation und Umlaufbewegung um die Sonne überlagern. Eine – wie wir heute wissen – falsche Erklärung für das Phänomen der Gezeiten und kein zwingender Beweise für die Bewegung der Erde.

Fazit

Der Grund für Galileis Verfolgung und Anklage war nicht sein Eintreten für das heliozentrische Weltbild gewesen, sondern sein Ungehorsam! Die Lehre des Kopernikus war nie öffentlich für ketzerisch erklärt worden, des weiteren hatte der „Dialog" die Zensur passiert und war bereits veröffentlicht. Zur Last gelegt werden konnte jedoch die Nichteinhaltung der Zusage von 1616, und dies gab dann auch den Ausschlag für die Anklage.

Galileo Galilei (1564-1642)

Galilei im Alter von ungefähr 60 Jahren von Ottavio Leoni, einem Maler des 17. Jahrhunderts

Galileo wurde 1564 in Pisa als Sohn von Vincenzo Galilei, einem bekannten Musikgelehrten, geboren. Er studierte in Pisa, wo er von 1589 bis 1592 einen Lehrstuhl für Mathematik innehielt. Danach wurde er auf den Lehrstuhl für Mathematik an der Universität Padua berufen, wo er bis 1610 blieb. Während dieser Jahre führt er umfangreiche Studien und Experimente in der Mechanik durch. 1594 erhielt er das Patent für eine Wasserhebeanlage. 1609 konstruierte er das Fernrohr („perspicillum"), mit dem er in den folgenden Jahren seine spektakulären Himmelsbeobachtungen durchführte: Er sah Berge und Täler auf dem Mond, entdeckte die Monde des Jupiter, die eigenartige Gestalt des Saturn und die Phasen der Venus. Sogar Beobachtungen des Neptun verzeichnete er in seinen Tagebüchern, wobei er diesen Planeten allerdings noch für einen Fixstern hielt. Die vier Begleiter des Jupiter taufte er auf den Namen „Mediceische Sterne", um vom Großherzog Cosmo II di Medici in der Toscana eine offizielle Anstellung zu erhalten. Mit Erfolg, denn 1610 wurde er an den Hof der Medici berufen und er erhielt den Titel: Erster Mathematiker des Großherzogs der Toscana.

1611 wurde er ein Mitglied der Academia dei Lincei in Rom, der „Akademie der Luchse", einer 1603 gegründeten wissenschaftlichen Gesellschaft, der auch Kardinal Maffeo Barberini, der spätere Papst Urban VIII., angehörte.

In diesen Jahren begann Galilei auch mit dem Studium der Sonnenflecken.

Ab 1612 erfuhr seine Theorie von der Bewegung der Erde, die er nach der Lehre des Kopernikus vertrat, ernsthaften Widerstand. 1614 erklärte Pater Tommaso Caccini die Ansichten Galileis über die Bewegungen der Erde von der Kanzel herab als irrig. Deshalb ging Galilei nach Rom, wo er sich gegen die Anschuldigungen verteidigte, wurde dann aber 1616 von Kardinal Bellarmin ermahnt und offiziell aufgefordert, das heliozentrische Modell nur als wissenschaftliche Hypothese zu vertreten, da er sonst mit den Lehren der Bibel in Konflikt kommen würde. Galilei hielt sich die folgenden sieben Jahre daran.

1630 kehrte er nach Rom zurück um die Veröffentlichungsrechte für seine Schrift „Dialog über die hauptsächlichen Weltsysteme" zu erhalten. Das Werk wurde dann 1632 in Florenz publiziert und enthält die Gespräche dreier Gelehrter über das Phänomen der Gezeiten und deren möglicher Erklärung durch Bewegungen der Erde. Es wird der Schluss nahegelegt, dass die Gezeiten nur durch das kopernikanische System erklärbar seien, wohingegen der Vertreter der aristotelisch-ptolemäischen Ansichten einen pompös-einfältigen Eindruck erweckt. Sein Name ist Simplicio.

Im Oktober 1632 beorderte das Heilige Offizium Galilei nach Rom, wo er dann nach mehrwöchigen Verhandlungen seiner Theorie feierlich abschwor.

1633 wurde es ihm erlaubt sich auf seine Villa in Arcetri zurückzuziehen. Sein Gesundheitszustand verschlechterte sich ständig, im Jahre 1638 war er völlig erblindet. In diesem Jahr veröffentlichte er die Discorsi, „Unterredungen und mathematische Demonstrationen über zwei Wissenszweige, die Mechanik und die Fallgesetze betreffend". Seine Tochter, Schwester Maria Celeste, die ihn fürsorgend betreute, war bereits 1634 gestorben.

Galileo Galilei folgte ihr am 8. Januar 1642.

Im Jahre 1992 wird er von Papst Johannes Paul II. offiziell rehabilitiert.

Mechanik
Galileis Beiträge zur Mechanik sind von großer Bedeutung, wenn auch nicht so spektakulär wie seine astronomischen Entdeckungen. Galileis Untersuchungen betrafen die natürliche Beschleunigung fallender Körper auf schiefen Ebenen, die Formulierung eines Gesetzes, welches die Relation von durchquertem Raum und Zeiteinheit im freien Fall beschreibt. Er entdeckte und formulierte auch die parabelförmige Flugbahn von Geschossen

Astronomie
Die Himmelsbeobachtungen, die Galilei mit seinem Teleskop durchführte, führten zur Entdeckung der Monde des Jupiters und zu Galileis zunehmender Zustimmung zum Kopernikanischen Weltsystem. Die Beobachtungen, welche dank immer besserer Linsen Schritt für Schritt gemacht werden konnten, wurden von Galilei in seinem Buch „Sidereus Nuncius" (Der Himmelsbote) beschrieben und illustriert. Die Perioden und die Auftretenshäufigkeit der Jupitermonde waren von Galilei zuerst studiert worden um eine Methode zur Bestimmung von Längengraden auf dem Meer zu entwickeln.

Mikroskop
In den ersten Jahren des 17. Jahrhunderts entwickelte Galilei ein Teleskop zur Betrachtung extrem kleiner Objekte. Zwischen 1619 und 1624 begann er Mikroskope oder „occhialini", wie er sie nannte, zu bauen. Das Galileische Miskroskop war aus der verkleinerten Röhre eines Teleskops gefertigt und mit zwei Linsen ausgestattet.

Thermometer
Ende des 16. Jahrhunderts soll Galilei sich Forschungen über die Wärme gewidmet haben. Die Erfindung des Thermoskops scheint dementsprechend in seine Paduanische Zeit zu fallen. Die Konstruktion wurde benutzt um Experimente über die Beziehung zwischen wechselnden Temperaturen und den Aggregatszuständen von Flüssigkeiten durchzuführen.

Magnetismus
Zwischen 1600 und 1609 widmete er sich auch dem Studium des Magnetismus. Er versuchte mit Hilfe spezieller Armaturen die Kraft von Magneten zu erhöhen.

Familienangehörige

Marina Gamba (zweite Hälfte 16. Jahrhundert – erste Hälfte 17. Jhdt) war die Lebensgefährtin Galileis während seiner Jahre in Padua. Sie gebar ihm drei Kinder, Virginia, Livia und Vincenzo. Über ihr Leben weiß man wenig. Galilei ließ sie 1611 in Padua mit ihrem gemeinsamen Sohn Vincenzo zurück. Diesen holte er dann 1612 zu sich nach Florenz. Marina Gamba heiratete später Giovanni Bartoluzzi.

Virginia (Padua 1600 – Arcetri 1634) war die Tochter von Marina Gamba und Galileo. Galilei stellte ihr zum Zeitpunkt ihrer Geburt ein Lebens-Horoskop aus. 1611 wurde sie von Padua nach Florenz geschickt, wo sie 1617 zusammen mit ihrer Schwester Livia in das Kloster San Matteo in Arcetri eintrat und den Namen Schwester Maria Celeste annahm. Sie pflegte ihren Vater hingebungsvoll während der schwierigen Zeit der Verhandlungen mit dem Heiligen Offizium und in der nachfolgenden Verbannung. Der Tod seiner Lieblingstochter 1634 bedeutete für Galilei einen schweren Verlust.

Institute and Museum of the History of Science of Florence, Italy

Bertolt Brecht (1898-1956)

Brecht-Sondermarke zum 100. Geburtstag

wurde am 10. Februar 1898 als Eugen Berthold Friedrich Brecht in Augsburg geboren.
Sein unsystematisches Studium der Naturwissenschaften, der Medizin und vor allem der Literatur wurde 1918 durch seinen Dienst als Sanitätssoldat in einem Lazarett unterbrochen, eine Zeit, die ihn zum erbitterten Kriegsgegner machte.
In diesem Jahr schrieb er sein erstes Drama „Baal", dem neben Theaterkritiken und Kurzgeschichten weitere Theaterstücke folgten. „Baal" wurde 1922 an den Münchner Kammerspielen - wo Brecht als Dramaturg wirkte - uraufgeführt und begründete seinen Ruf als Dramatiker.
1924-26 war Brecht Dramaturg bei Max Reinhardt in Berlin und studierte gleichzeitig intensiv den Marxismus. 1927 wurde „Mann ist Mann" uraufgeführt und seine erste Gedichtsammlung „Hauspostille" herausgegeben.
1928 gelang ihm mit der von Kurt Weill vertonten „Dreigroschenoper" ein Welterfolg. In den „Anmerkungen" zu „Aufstieg und Fall der Stadt Mahagonny" formulierte Brecht 1928 erstmals seine Vorstellungen vom „epischen Theater", in welchem den Zuschauern keine illusionär-geschlossenen Bühnenwelten mehr geboten werden sollten, sondern Konflikte, die sie aktiv mit durchdenken und mit entscheiden sollen. Dem gleichen Zweck dienten eine Reihe von didaktischen „Lehrstücken", die zur Aufführung außerhalb des tradtionellen Theaterbetriebs für Arbeiter bzw. ein nicht-bürgerliches Publikum gedacht werden.
Im Jahre 1933 nach der Machtübernahme Adolf Hitlers und der NSDAP und am Tage nach dem Reichstagsbrand begann Brechts Weg ins Exil. Seine Stücke waren verboten worden und 1935 wurde ihm auch die Staatsbürgerschaft entzogen. So begann - „öfter die Länder als die Schuhe wechselnd" („An die Nachgeborenen") - Brechts lange Reise mit vielen Stationen: Zuerst über Prag und Paris nach Dänemark, dann über Schweden nach Finnland und schließlich im Jahre 1941 über Moskau und Wladiwostok in die USA, wo er sich mit seiner Frau, der Schauspielerin Helene Weigel, in Kalifornien niederließ in der Hoffnung auf Arbeit für Hollywoods Filmstudios.
Brecht verließ die Vereinigten Staaten im Jahre 1947 am Tag nachdem er sich einem Verhör durch das „Committee for Un-American Activities" hatte unterziehen müssen, ein erniedrigendes und peinliches Verfahren, das viele andere nicht-amerikanische, aber auch bekannte US-amerikanische Künstler traf. Brecht hatte sich wegen vermuteter kommunistischer Kontakte und Aktivitäten zu verantworten, es konnte ihm aber nichts nachgewiesen werden.
Die Jahre des Exils waren Brechts fruchtbarste Schaffensperiode. Es entstanden so großartige Dramen wie „Das Leben des Galilei" (1938), „Mutter Courage und ihre Kinder" (1939) oder „Der kaukasische Kreidekreis" (1944/45). Doch seine Texte blieben ungedruckt und unaufgeführt, einzig der „Galilei" wurde in den USA aufgeführt, zu einem Zeitpunkt jedoch, da Brecht schon wieder nach Europa zurückgekehrt war.
Ohne deutschen Pass, ohne Verleger und mit wenig Geld hielt er sich zuerst in Zürich auf und versuchte dort Theater zu machen. Da ihm die Alliierten die Einreise in die Westzonen verweigerten, ging er nach Ost-Berlin, wo er mit seiner Frau 1949 das „Berliner Ensemble" gründete, das ab 1954 im „Theater am Schiffbauerdamm" zu einer der wichtigsten Experimentierbühnen Europas heranwuchs. Im „Berliner Ensemble" kamen dann endlich die „Mutter Courage" und andere Brecht-Stücke zur Aufführung. Auch in seinen letzten Lebensjahren in Ost-Berlin hatte Brecht mit ästhetischen und ideologischen Widerständen zu kämpfen, 1952 soll er sogar die Auswanderung nach China in Erwägung gezogen haben. In diesen Jahren schrieb er kein einziges Stück mehr, sondern widmete sich der Verwaltung seines „Nachlasses" und der sorgfältigen Inszenierung seiner Stücke. Zu seinen letzten Inszenierungen gehörte „Das Leben des Galilei", dessen Aufführung am Schiffbauerdamm er aber nicht mehr erlebte.
Er starb am 14. August 1956 in Berlin.

Über die alte, die neue und die ganz neue Wissenschaft:

Einige Anmerkungen zur Aktualität des „Galilei-Dilemmas"

Als Studie einer persönlichen Lebensproblematik ist das „Leben des Galilei" faszinierend und inspirierend. Der Konflikt des Menschen und Wissenschaftlers Galilei eröffnet dem Zuschauer tiefe Einsichten in die Schwierigkeiten einer großen Forschers und leidenschaftlichen Charakters.

Als Parabel auf die Verantwortungsproblematik des modernen Wissenschaftlers ist das Stück aber geradezu hoffnungslos veraltet und nährt simplifizierte Vorstellungen darüber, wie Ende des 20. Jahrhunderts geforscht wird und welchen Handlungsspielraum der einzelne Wissenschaftler besitzt.

Brechts Botschaft, dass der (geniale) Wissenschaftler sein Wirken in den Dienst des (einfachen) Volkes zu stellen habe, und dass wiederum das Volk wisse, welche Wissenschaft zur Verbesserung seiner Lebensqualität und politischen Emanzipation dienlich sei, dies ist einem etwas einsinnigen materialistischen Geschichtsbild geschuldet: Das Volk (das Bürgertum, die Arbeiterklasse) als historisches Subjekt hat einen geschichtlichen Auftrag zu erfüllen, den seiner Emanzipation, und alle anderen gesellschaftlichen Gruppen haben die Wahl, sich dem anzuschließen oder vom Zug der geschichtlichen Notwendigkeit überrollt zu werden.
Wie sagte noch Gorbatschow: „Wer zu spät kommt, den bestraft das Leben."
Die Entscheidung, vor welcher der Forscher steht, ist dann zuerst gesellschaftlicher Natur: Wofür forsche ich? und in zweiter Linie wissenschaftlich: Was erforsche ich wie? Brechts Vorwurf an Galilei ist der, diese Reihenfolge aus den Augen verloren zu haben.

Das ist genial einfach und sofort einleuchtend, trifft jedoch so nicht ganz die Wirklichkeit der heutigen, der „ganz neuen" Wissenschaft. Folgendes ist zu bedenken:

1. Der heutige Wissenschaftler ist in seiner Tätigkeit nicht mehr allein und ganz auf sich gestellt, so wie Galilei an seinem Fernrohr oder Einstein an seinem Schreibtisch. Forschung findet in hochspezialisierten Teams statt, denen der Kontext, innerhalb dessen sie arbeiten, gar nicht unbedingt bekannt sein muss. Entweder weil dieser sich erst viel später und abhängig von den Ergebnissen herstellt (Hat James D.Watson bei der Entzifferung der Struktur des DNS-Moleküls etwa schon an das Klonen gedacht?), oder weil politische bzw. militärische Interessenslagen die letztendlichen Forschungsziele bewusst im Dunkeln halten. Das gigantischste aller Forschungsprojekte, die Produktion der Atombombe, hat dies vorgeführt. Robert Jungk schreibt:
„Wohl nie zuvor hat eine Schar so brillanter Geister freiwillig das Joch einer ihnen so fremden Arbeits- und Lebensweise auf sich genommen. Daß sie ihre Resultate bis Kriegsende nicht mehr publizieren durften, war ihnen selbstverständlich (...) Aber die Militärbehörden gingen viel weiter. Sie errichteten um jedes kleine Teilgebiet der Forschung unsichtbare Mauern, so daß die eine Abteilung nicht mehr wußte, woran die andere arbeitete. Kaum ein Dutzend von den insgesamt hundertfünfzigtausend Personen, die das „Manhattan Project" schließlich beschäftigte, durfte einen Überblick über das Ganze haben. Ja, nur ein sehr kleiner Teil des Personals wußte überhaupt, daß sie an einer Atombombe arbeiteten. So hatte z.B. die Mehrzahl der Mitarbeiter des „computing

center" in Los Alamos lange Zeit keine Ahnung, wozu die mit ihren Rechenmaschinen ausgeführten komplizierten Kalkulationen eigentlich dienten." (Robert Jungk: Heller als tausend Sonnen, Heyne Verlag München, 1996, S.138)

2. Der heutige Wissenschaftler ist auf den Techniker angewiesen.
Für ihre ureigenen Zwecke – d.h. sowohl Hypothesenbildung als auch deren empirische Überprüfung – benötigt Wissenschaft heute eine komplexe und zum Teil gewaltige Technologie. Diese schafft enorme Apparaturen, welche der Wissenschaft zur Lösung ihrer je eigenen Fragen dienen, zugleich aber ist die Theoriebildung selbst immer mehr vom technologisch Machbaren bestimmt. Man denke an Kernforschungsanlagen, Neutronenbeschleuniger oder auch gentechnische Laboratorien: Kein einzelner Gelehrter wird hier noch allein und unbelassen in seinem Studierzimmer Forschung betreiben können. Vielmehr ist er Teil eines Teams aus Wissenschaftlern und Technikern und dieses Team ist wiederum Teil eines Großunternehmens, das auch nach Gesichtspunkten der Wirtschaftlichkeit geführt werden muss und auf sichere Geldquellen angewiesen ist.

Alles deutet also darauf hin, dass die Entscheidung über die moralische Legitimität eines Forschungsvorhabens den einzelnen Forscher überfordert. Gewissenhaftigkeit und Verantwortungsbewusstsein sind sicher unverzichtbare Voraussetzungen für eine menschenwürdige Wissenschaft, aber keine Garanten für die Entscheidungskompetenz des Einzelnen oder gar des Teams.
Auswege aus diesem Dilemma sind schwer zu benennen, mehrere Vorschläge können aber diskutiert und abgewogen werden. Diesem Zweck mögen die folgenden Materialien dienen:

❍ Der Eid des Hippokrates
❍ Albert Einstein über die „Erniedrigung des wissenschaftlichen Menschens"
❍ Ein Diskussionsbeitrag von Hans Jonas über die Grenzen legitimer Forschung am Beispiel des Klonierens und der Lebensverlängerung. Dieser Text wurde ausgewählt, weil darin die wohl weitestgehende Position auf eine prägnante und zugleich provokative Weise dargestellt wird.
❍ Die Mini-Dokumentation eines aktuellen Falles: Ein U.S.-Professor sucht Geldgeber

☞

Der Eid des Hippokrates

wird dem bekanntesten Mitglied der Ärzteschule von Kos, Hippokrates (460 bis etwa 370), zugeschrieben. Der Text, in welcher die Persönlichkeit des einzelnen Arztes noch ganz hinter der Gilde bzw. Zunft zurückzutritt, stammt sehr wahrscheinlich aus früherer Zeit und wurde ursprünglich mündlich innerhalb dieser Männerbünde vom Lehrer auf den Schüler weitergegeben. Bemerkenswert ist die enge Verbindung von Lebensführung und Beruf, wodurch erst die Kunst des Heilens mehr als bloßes Handwerk ist:

vgl. Galilei, Bild 14, S.126

Ich schwöre bei Apollon, dem Arzt, und Asklepios und Hygieia und Panakeia (Töchter des Asklepios) und allen Göttern und Göttinnen, die ich zu Zeugen anrufe, daß ich diesen Eid und diese Niederschrift nach bestem Wissen und Können erfüllen werde:
Ich werde den, der mich diese Kunst gelehrt hat, gleich meinen Eltern ehren und ihm Anteil an meinem Leben geben, und wenn er in Schulden geraten sollte, ihn unterstützen und seine Söhne meinen Brüdern gleichhalten und sie diese Kunst lehren, falls sie den Wunsch haben sollten, sie zu erlernen, und zwar
ohne jede Vergütung und schriftliche Verschreibung, und an Vorschriften, am Vortrag und an aller sonstigen Belehrung werde ich meine Söhne und die meines Lehrers teilnehmen lassen, wie auch die mit mir eingeschriebenen Jünger der Kunst, die durch den ärztlichen Eid gebunden sind, aber niemanden sonst.
Und ich werde die Grundsätze der Lebensweise nach bestem Wissen und Können zum Heil der Kranken anwenden, dagegen nie zu ihrem Verderben und Schaden.
Ich werde auch niemandem eine Arznei geben, die den Tod herbeiführt, auch nicht, wenn ich darum gebeten werde, auch nie einen Rat in dieser Richtung erteilen. Ich werde auch keiner Frau ein Mittel zur Vernichtung keimenden Lebens geben.
Ich werde mein Leben und meine Kunst stets lauter und rein bewahren.
Ich werde auch nicht Steinleidende operieren und dies denen überlassen, die solche Praktiken ausüben.
In welche Häuser ich auch gehe, die werde ich nur zum Heil der Kranken betreten, unter Meidung jedes wissentlichen Unrechts und Verderbens und insbesondere jeder geschlechtlichen Handlung gegenüber weiblichen Personen wie auch gegenüber Männern, Freien und Sklaven.
Was ich in meiner Praxis sehe und höre oder außerhalb dieser im Verkehr mit Menschen erfahre, was niemals anderen Menschen mitgeteilt werden darf, darüber werde ich schweigen, in der Überzeugung, dass man solche Dinge streng geheim halten muss.
Wenn ich nun diesen Eid treu halte und nicht entweihe, dann möge ich von meinem Leben und meiner Kunst Segen haben, bei allen Menschen zu jeder Zeit hochgeachtet; wenn ich ihn aber verletze und eidbrüchig werde, dann möge mich das Gegenteil hiervon treffen.

(Antike Geisteswelt, hrsg. von Walter Rüegg, Frankfurt 1980 S.311/12)

Albert Einstein: Zur Erniedrigung des wissenschaftlichen Menschen

Für mich ist das Streben nach Erkenntnis eines von denjenigen selbstständigen Zielen, ohne die für den denkenden Menschen eine bewußte Bejahung des Daseins nicht möglich erscheint.
Es liegt im Wesen des Erkenntnisstrebens, daß es sowohl die weitgehende Bewältigung der Erfahrungsmannigfaltigkeit als auch die Einfachheit und Sparsamkeit der Grundhypothesen anstrebt. Die endliche Vereinbarkeit dieser Ziele ist beim primitiven Zustand unseres Forschens eines Sache des Glaubens. Ohne solchen Glauben wäre für mich die Überzeugung vom selbstständigen Wert der Erkenntnis nicht kräftig und unerschütterlich.
Die sozusagen religiöse Einstellung des wissenschaftlichen Menschen zur Wahrheit ist nicht ohne Einfluss auf die Gesamtpersönlichkeit. Denn außer dem durch die Erfahrung Gegebenen und den Denkgesetzen gibt es für den Forscher im Prinzip keine Autorität, deren Entscheidungen oder Mitteilungen an sich den Anspruch auf „Wahrheit" erheben können. Dadurch entsteht die Paradoxie, daß ein Mensch, der seine besten Kräfte objektiven Dingen widmet, sozial betrachtet zum extremen Individualisten wird, der sich – im Prinzip wenigstens – auf nichts verläßt als auf sein eigenes Urteil. (...)
Wie steht nun der wissenschaftliche Mensch von heute im sozialen Körper der Menschheit? Er ist wohl irgendwie stolz darauf, daß die Arbeit von seinesgleichen, wenn auch zumeist indirekt, das wirtschaftliche Leben der Menschen durch nahezu totale Eliminierung der Muskelarbeit total umgestaltet hat. Er ist auch wohl bedrückt darüber, daß seine Forschungsergebnisse eine akute Bedrohung der Menschheit mit sich gebracht haben, nachdem die Früchte dieser Forschung in die Hände seelenblinder Träger der politischen Gewalt gefallen sind. Er ist sich des Umstandes bewußt, daß die auf seinen Forschungen fußenden technischen Methoden zu einer Konzentration der wirtschaftlichen und damit auch der politischen Macht in die Hände kleiner Minoritäten geführt haben, von deren Manipulation das Schicksal des immer mehr amorph erscheinenden Haufens von Individuen völlig abhängig geworden ist. Noch mehr: Jene Konzentration der politischen und wirtschaftlichen Macht in wenigen Händen hat nicht nur eine äußere materielle Abhängigkeit auch des wissenschaftlichen Menschen mit sich gebracht: sie bedroht zugleich seine Existenz von innen, indem sie durch die Schaffung raffinierter Mittel geistiger und seelischer Beeinflussung den Nachwuchs unabhängiger Persönlichkeiten unterbindet.
So sehen wir, wie sich am wissenschaftlichen Menschen ein wahrhaft tragisches Schicksal vollzieht. Getragen von dem Streben nach Klarheit und innerer Unabhängigkeit, hat er durch seine schier übermenschlichen Anstrengungen die Mittel zu seiner äußeren Versklavung und zu seiner Vernichtung von innen her geschaffen. Von den Trägern der politischen Macht muß er sich einen Maulkorb umhängen lassen. Er wird gezwungen, als Soldat sein eigenes Leben zu opfern und fremdes zu zerstören, auch wenn er von der Sinnlosigkeit solchen Opfers überzeugt ist. Er sieht zwar mit aller Klarheit, daß der historisch bedingte Umstand, daß die Nationalstaaten, die Träger der wirtschaftlichen, politischen und damit auch der militärischen Macht sind, zur Vernichtung aller führen muß. Er weiß, daß nur die Ablösung der Methoden der nackten Gewalt durch eine übernationale Rechtsordnung die Menschen noch retten kann. Aber es ist schon so weit mit ihm gekommen, daß er die von den Nationalstaaten über ihn verhängte Sklaverei als unabwendbar hinnimmt. Er erniedrigt sich so weit, daß er auf Befehl die Mittel für die Vernichtung der Menschen weiter vervollkommnen hilft.
Muß der wissenschaftliche Mensch wirklich alle diese Erniedrigungen über sich ergehen lassen? Ist die Zeit vorbei, in der seine innere Freiheit und die Selbständigkeit seines Denkens und Forschens das Leben der Menschen hat erhellen und bereichern dürfen? Hat er nicht in einem nur aufs Intellektuelle eingestellten Streben seine Verantwortlichkeit und Würde vergessen? Ich antworte: Einen innerlich freien und gewissenhaften Menschen kann man zwar vernichten, aber nicht zum Sklaven oder zum blinden Werkzeug machen.
Wenn der wissenschaftliche Mensch unserer Tage Zeit und Mut fände, seine Situation und seine Aufgabe ruhig und kritisch zu erwägen und entsprechend zu handeln, so würden die Aussichten auf eine vernünftigte und befriedigende Lösung der gegenwärtigen gefahrvollen internationalen Situation wesentlich verbessert werden.

aus Albert Einstein: Mein Weltbild, Ullstein TB 65, 1997 S.171ff

Arbeitaufträge zu Albert Einstein

1. Textanalyse:
   - Was charakterisiert den „wissenschaftlichen Menschen“?
   - Fassen Sie seine gegenwärtige Stellung in wenigen Worten zusammen.
   - Wer trägt die Schuld an dieser Situation?
   - Wie sind die Begriffe „Glaube“ und „religiös“ in Einsteins Argumentation zu verstehen?

2. Vergleichen Sie das von Einstein gegebene Bild des modernen Wissenschaftlers mit dem im Theaterstück dargestellten Galilei.

3. Erörterung:
   In wie weit können Sie Albert Einstein zustimmen
   a) bei seiner Darstellung des Typs „Wissenschaftler“,
   b) bei seiner Analyse der Lage der Wissenschaften und
   c) bei seinem abschließenden Lösungsvorschlag?
   Wie sehen Sie persönlich die Frage von Schuld und Verantwortung des Wissenschaftlers?

Hans Jonas

Der Philosoph und Religionswissenschaftler Hans Jonas (1903 - 1993), Träger des Deutschen Friedenspreises (1987), ist vor allem bekannt geworden durch sein Buch „Das Prinzip Verantwortung" (1978), in welchem er für eine Ethik der Furcht plädiert, die von der Verantwortung für künftige Generationen geleitet ist und darum den wissenschaftlichen Entwicklungen der Gegenwart eine um die Zukunft fürchtende, skeptische Haltung entgegenstellt. 1981 äußerte sich Hans Jonas in einer Diskussion zum Thema *Klonen und Lebensverlängerung:*

JONAS: „Ich bin auch der Ansicht, daß es Punkte gibt, wo man sagen muß, bis hierher und nicht weiter. Es besteht kein echtes legitimes Wissensinteresse, an dieser Stelle weiterzumachen.
REDAKTION: Wie genau lassen sich diese Grenzen angeben?
JONAS: Gar nicht genau. In Bezug auf das Klonieren bin ich gefragt worden, ob es ethische Einwände gibt, das bei Tieren zu machen. Ich sehe keine besonderen ethischen Einwände, aber ich kann mir natürlich Tierfreunde vorstellen, denen auch davor schon schaudert. Für die Tiere ist die geschlechtliche Vermehrung gewissermaßen von der Natur vorgesehen, und ungeschlechtliche Duplikate von einzelnen Tierindividuen zu schaffen ist an sich schon ein durch nichts gerechtfertigter Eingriff in die Schöpfungsordnung oder in das autonome Recht des Tiers, sich auf seine Weise zu vermehren. Da fraglich ist, ob Tiere personenhafte Wesen sind, ist die Frage, ob ein Tier dadurch geschädigt ist, daß es ein Duplikat eines schon vorhandenen anderen Individuums ist, schwer zu beantworten. Man müßte dann schon auf die Tierseele zu sprechen kommen, und da begibt man sich in sehr dunkle Gebiete. Aber beim Menschen kann man evident sagen: Ein Mensch, der kloniert worden ist von einem schon vorhandenen Individuum, ist in einem seiner existentiellen Grundrechte verletzt worden, nämlich in dem Recht, nicht um sich selbst zu wissen, sondern sich erst zu finden, sich sein Leben selbst zu bahnen, seine Möglichkeiten auszuprobieren und sich selber zu überraschen usw., anstatt sich als Abklatsch eines schon vorgelebten Wesens zu wissen, an dem alles schon demonstriert worden ist, was an Möglichkeiten vorhanden ist. Hier kann man mit absoluter Evidenz sagen - unabhängig davon, ob das einmal oder hundertmal gemacht wird, ob das gesellschaftlich relevant ist für die Bevölkerung oder für den Einzelfall - schon im einzelnen Fall ist das ein durch nichts zu rechtfertigendes Vergehen an einem existentiellen Grundrecht. (...) Es gibt natürlich eineiige Zwillinge, die in gewisser Weise identisch sind, was wohl seine Probleme hat, doch gewöhnlich ist kein Mensch dafür verantwortlich. (...) Aber ... auch bei einem solchen Spiel der Natur, die eineiige Zwillinge oder Drillinge hervorbringt, leben die Menschen gleichzeitig. Keiner ist dem anderen voraus, keiner hat dem anderen sozusagen schon vorweggenommen, was er sein könnte."
(...)
„Der eine Punkt auf meiner Liste ist, es gar nicht erst zum Ausprobieren der Klonierung am Menschen kommen zu lassen. Das ist für mich ein völlig klarer Punkt. Es gibt noch andere z.B. die Lebensverlängerung. Nehmen wir einmal an, daß biotechnische Mittel im Werden sind, den Alterungsprozeß, der ja wohl ein intrazellulärer Prozeß ist, soviel wir wissen, aufzuhalten oder irgendwie regenerierend einzugreifen, so daß man Menschenleben indefinit verlängern kann. Ich will nicht sagen ewig, aber z.B. die durchschnittliche Lebensdauer des Menschen verdoppeln. Das ist keine unmögliche Vorstellung. Ich glaube, daß man sich sehr wohl im voraus überlegen kann, wie wünschenswert es ist, daß Menschen sehr viel länger leben - ich meine nicht vegetieren, sondern aktiv leben -, und ob die natürliche Länge des menschlichen Lebens nicht ein richtiges Maß ist. Das führt zu sehr interessanten Überlegungen, nicht nur über das, was für das Individuum gut ist, sondern auch über das, was für die Menschheit gut ist. (...) Diese Lebensverlängerung führt u.a. dazu, daß der Zugang an Jugend entsprechend reduziert werden muß. Das, was immer wieder als Frisches, Erneuerndes einfließt, wird also immer weniger. Wenn man erreichte, daß alle jetzt lebenden Menschen überhaupt nicht sterben, dann dürfte keiner mehr geboren werden. (...) Hier würde ich auch sagen, eine Forschung, die darauf zielt, den alten Traum der Menschen, nicht oder nicht so bald sterben zu brauchen, zu erfüllen, ist eine Forschungsrichtung, die man stoppen soll."

Südwestpresse Ulm, 9.1.1998

BIOTECHNOLOGIE / Rüttgers über geplanten Menschen-Klon erbost

„Dahinter steckt ein verwirrter Geist"

Widerstand gegen Vorhaben des Fruchtbarkeitsforschers aus Chicago

Der Amerikaner Richard Seed will Nachwuchs für unfruchtbare Menschen klonen. Doch seine Ankündigung ruft Protest hervor. Kollegen schelten sein Vorhaben als unausgereift.

GISELA OSTWALD, dpa

NEW YORK ■ Das Weiße Haus in Washington verwarf die Pläne des Fruchtbarkeitsforschers aus Chicago als „unverantwortlich, ethisch und beruflich verwerflich" und droht mit dem gesetzlichen Verbot.

Professor Mark Sauer von der Columbia Universität in New York beschuldigt Seed der „Sensationsmache". Das Klonen von Menschen sei medizinisch nicht vonnöten und „der falsche Ausweg aus der Unfruchtbarkeit".

Der Entwicklungsbiologe John Eppig vom Jackson Laboratorium in Bar Harbor hielt Seed vor, „es gibt leichtere Möglichkeiten, Babys zu produzieren, als das Klonen". Laut Sauer bleiben Spendersamen und -eier für unfruchtbare Paare der sicherste Weg zum Kindersegen. Dank der lockeren Gesetzgebung stehen in den USA die Türen offen für Menschen aus aller Welt zur künstlichen Befruchtung. Der Handel mit den gefrorenen „Zutaten" für den gewünschten Nachwuchs sind hier ein blühendes Geschäft. Männlicher Samen ist im Durchschnitt für rund 180 Mark zu haben, weibliche Eizellen können bis zu 9000 Mark kosten. Die Tageszeitung „The New York Times" berichtet, daß einige Kliniken bereits die fertigen Embryos verkaufen. In Deutschland dagegen ist das Einfrieren von gespendeten Eizellen und Embryos nicht erlaubt.

Seed, nach eigenen Angaben ein gläubiger Methodist, der sich auf den Willen Gottes beruft, will kinderlosen Eltern „identische Zwillinge schenken, die einfach nur eine Generation jünger sind". Er habe auch schon vier Paare gefunden, die sich klonen lassen wollten, sagte Seeds und nannte für den ersten Menschen dieser Art Kosten von ungefähr 2,2 Millionen Dollar. Sollte sein Verfahren dann Routine sein, sänke der Betrag auf 5000 bis 10 000 Dollar.

„Dahinter steckt ein ethisch verwirrter Geist", kommentierte der deutsche Forschungsminister Jürgen Rüttgers gestern die Pläne (siehe auch Stichwort).

Galilei:
„Ich halte dafür, daß das einzige Ziel der Wissenschaft darin besteht, die Mühseligkeit der menschlichen Existenz zu erleichtern."
(S.125)

DAS STICHWORT

Klonen

Klonen ist die Herstellung eines genetisch gleichen Nachkommens von Pflanze, Tier oder Mensch. Es gibt dafür zwei verschiedene Wege: Bei dem einen wird ein Embryo zu einem Zeitpunkt, in dem er nur aus wenigen Zellen besteht, mehrfach geteilt. Das geschieht in einer so frühen Phase der Entwicklung, daß die Einzelzellen sich noch zu einem vollständigen Organismus entwikkeln können. Eineiige Zwillinge sind natürliche Klone. Auch Bakterien, die sich durch Zellteilung vermehren, sind Klone. Wer Stecklinge in seinem Garten setzt, klont nach einem ähnlichen Prinzip.

Bei dem zweiten Verfahren wird der Kern aus einer Zelle entnommen und in eine unbefruchtete Eizelle eines anderen Tieres eingepflanzt. Diese Eizelle wird vorher „entkernt", sie besteht nur noch aus dem Zelleib. Dieser besteht überwiegend aus Muskelfasern. Aus der zusammengesetzten Zelle entsteht ein vollständiges Lebewesen. AP

Südwestpresse Ulm, 9.1.1998

PRESSESTIMME

Der Kunstmensch

Zur Ankündigung des US-Arztes Richard Seed, bei Chicago eine Klinik zur Reproduktion von Menschen zu gründen, schreibt die in Hannover erscheinende „Neue Presse":

Die Wundertüte der Gentechnik und Reproduktionstechnologie hält die nächste Etappe ihres Möglichkeitsspektrums bereit: den Kunstmenschen, das kopierte Leben von der Stange, das Ende des Individuums. Es reicht nicht, sich zu gruseln. Auch der Hinweis, daß der US-Forscher Richard Seed ein bißchen verrückt sei, zählt nicht. Man muß ihn ernst nehmen. Jetzt muß sich zeigen, was der große Empörungschor des vergangenen Jahres wert ist. Damals haben alle, von Bill Clinton bis zur deutschen Bischofskonferenz, übereinstimmend beteuert, daß es niemals zum Klonen eines Menschen kommen dürfe. Es ist soweit, Flagge zu zeigen und deutliche Verbote auszusprechen, auch in den USA.

GENTECHNIK

Vorerst kein Klonverbot

WASHINGTON ■ Mit ihrer Mehrheit im US-Senat haben die Republikaner ein bereits verabschiedetes Gesetz zum Verbot des Klonens von Menschen wieder zu Fall gebracht. Am Vortag hatte die Mehrheit der Senatoren einem Gesetzestext zugestimmt, der es verbieten würde, einer Frau eine mit fremdem Erbmaterial gefüllte Eizelle einzupflanzen. Ein ähnliches Gesetz hatte auch schon das Repräsentantenhaus verabschiedet. Konservative Republikaner wollten aber schärfere Auflagen und erzwangen eine Neuabstimmung. Demnach wäre es bereits eine Straftat, die entkernte Eizelle mit fremdem DNS auszustatten. Zwölf Republikaner stimmten gegen den schärferen Gesetzestext. Damit ist auch das generelle Verbot menschlichen Klonens vorläufig vom Tisch. Jetzt soll ein Kompromiß gefunden werden. deT

Südwestpresse Ulm, 13.2.1998

Klausurvorschlag zu B.B.: „Leben des Galilei“ (konzipiert für Klasse 11)

1. Ludovico zu Galilei: „Sie werden für immer der Sklave ihrer Leidenschaften sein.“ Welche „Leidenschaften“ kennzeichnen die Hauptfigur des Stückes? Erklären Sie diese aus Galileis Verhalten
   a) gegenüber seiner engsten Umgebung (Virginia und Andrea)
   b) gegenüber der Inquisition.

2. Galilei (S.49): „Ich würde meinen, als Wissenschaftler haben wir uns nicht zu fragen, wohin die Wahrheit uns führt.“
   a) In welchem Zusammenhang wird dieser Satz geäußert und welches Wissenschaftsverständnis wird darin postuliert.
   b) Ist sich Galilei zu diesem Zeitpunkt der (möglichen) Konsequenzen seiner Entdeckungen wirklich nicht bewusst?
   c) Wie definiert Galilei am Ende des Stückes die Aufgabe der Wissenschaft und die Rolle des Wissenschaftlers?

3. Bertolt Brecht lässt das Publikum schon zu Beginn einer Szene deren Inhalt und Ausgang wissen. Welche Absichten verfolgt er damit?

Bücher und Internet-Adressen

Brecht-Ausgaben (nach Umfang geordnet)

Bertolt Brecht, Werke, Große kommentierte Berliner und Frankfurter Ausgabe, hrsg. von W.Hecht, J.Knopf, W.Mittenzwei, K.-D. Müller, Aufbau Verlag Berlin und Weimar, Suhrkamp Verlag Frankfurt am Main (Band 5 enthält alle Fassungen des „Galilei")

Bertolt Brecht, Gesammelte Werke in 20 Bänden (genannt: Werkausgabe), Suhrkamp Verlag Frankfurt 1963, 1964

Bertolt Brecht, Ausgewählte Werke in sechs Bänden, Jubiläumsausgabe zum 100. Geburtstag, Suhrkamp-Verlag Frankfurt 1997

Bertolt Brecht, Leben des Galilei, Text und Kommentar Suhrkamp Basisbiliothek 1, Frankfurt am Main 1998

Brechts Leben des Galilei, hrsg. von Werner Hecht, Suhrkamp taschenbuch, Frankfurt am Main 1981

Sekundärliteratur zu Brecht (nur das Nötigste)

Rülicke, K., Leben des Galilei - Bemerkungen zur Schlußszene, in: Brecht - Sonderheft 2, Sinn und Form, 1957.

Geißler, R.(Hrsg.), Zur Interpretation des modernen Dramas. Brecht, Dürrenmatt, Frisch, Frankfurt/M. 1970, S. 49-67.

Ernst Schumacher, Drama und Geschichte , Brechts „Leben des Galilei" und andere Stücke, Henschelverlag Berlin 1965

Hans Mayer, Brecht, Suhrkamp-Verlag 1996

Karl-Heinz Hahnengreß, Bert Brecht, „Leben des Galilei", Lektürehilfe Klett Verlag Stuttgart 1997

B. Brecht, Leben des Galilei, Mentor Lektüre, Durchblick 313, München 1997

Zu Galileo Galilei, seinen Zeitgenossen und Nachfolgern

Galileo Galilei, Sidereus Nuncius, Nachricht von neuen Sternen, herausgegeben und eingeleitet von Hans Blumenberg, Suhrkamp Verlag Frankfurt am Main 1980

Newtons Universum, hrsg. von E.Seibold und W.Neuser, Spektrum der Wissenschaft Heidelberg 1990 (darin u.a. Aufsätze zu Giordano Bruno und Galilei)

Ernst Bloch, Vorlesungen zur Philosophie der Renaissance, Suhrkamp Verlag Frankfurt am Main 1972 (Kapitel zu Giordano Bruno, Galilei, Kepler und Newton)

Werner Heisenberg, Der Teil und das Ganze - Gespräche im Umkreis der Atomphysik, dtv München 1973 (inbesondere Kapitel 14-16)

Robert Jungk, Heller als tausend Sonnen - Das Schicksal der Atomforscher, Heyne Verlag München 1990

Materialien im Internet

Im Internet wächst eine umfangreiche, unkoordinierte und unzensierte Bibliothek heran, deren Daten z.T. von großem Wert sein können und z.T. sehr mit Vorsicht zu genießen sind. Auch sind manche Datenbestände eher flüchtiger Natur, ihre Adresse kann sich plötzlich ändern oder die Seiten werden ganz gelöscht, aus welchen Gründen auch immer. Für den Lehrer dürfte besonders interessant sein, dass von Schülern in vielfältigen Eigeninitiativen immer mehr Referate, Inhaltsangaben und andere Schülerhilfen ins Netz gesetzt werden. Über kurz oder lang wird sich die Frage des Einsatzes und der Bewertung von Schülerreferaten unter diesem Gesichtspunkt neu stellen.

- 100 X Brecht: Filmseminar, Ausstellungen, Vorträge, Videos, Lesung, Musik, Theater, ..
  Ein Projekt des Düsseldorfer Kulturzentrum zakk: http://www.zakk.de/brecht
- German Exiles in Southern California, Feuchtwanger Memorial Library and Archive,
  University of Southern California: http://www-lib.usc.edu/Info/FML/german_exiles.html
- Darin: Bertolt Brecht (Biografie/Englisch)
  http://www.cs.brandeis.edu/~jamesf/goodwoman/brecht_bio.html

- Didaktisch Aufbereitetes zu „Leben des Galilei" (ZUM - Zentrale für Unterrichtsmedien im Internet)
  Klaus Dautel: http://ilsebill.biologie.uni-freiburg.de/schule/Faecher/D/BW/gym/Brecht/galilei.htm
  Helmut Kerber: http://home.t-online.de/home/helmut.kerber/lebgaueb.htm

- Schülerreferate zu Werken von Brecht (gelegentlich auch zu Galilei):
  http://www.cheat.net/hausaufgaben/c007.htm
  http://www.referate.org/xdeutsch.html
  http://www.schulhilfen.com/dref.htm
  http://www.ccc.or.at/schule/schulothek/deutsch.html

- Zu Nikolaus Kopernikus: Lebenslauf und Weltbild
  http://zpea.bics.br.schule.de/schulen/kopernik/historie/lebensla.html

- Würdigung Galileis aus katholischer Sicht: Auszug aus der Catholic Encyclopedia, copyright © 1913 by the Encyclopedia Press
  http://www.knight.org/advent/cathen/06342b.htm.

- Kurzeinführung in Galileis wissenschaftliche Methoden (mit Bildern)
  http://science.wcupa.edu/phyhist/galileo.htm?PageServices

- Das Galileo Projekt der Rice University Houston, Texas: Informationen zu Leben und Werk Galileo Galileis und den Wissenschaften zu seiner Zeit: http://es.rice.edu/ES/humsoc/Galileo
  Unter anderem Materialien zu:
  Copernican System: http://es.rice.edu/ES/humsoc/Galileo/Things/copernican_system.html
  Ptolemaic System : http://es.rice.edu/ES/humsoc/Galileo/Things/ptolemaic_system.html
  The Roman Inquisition: http://es.rice.edu/ES/humsoc/Galileo/Student_Work/Trial96/index.html
  Giordano Bruno: http://es.rice.edu/ES/humsoc/Galileo/People/bruno.html

- Institute and Museum of the History of Science of Florence (IMSS), Italy:
  Galilei und Familienangehörige: http://galileo.imss.firenze.it/museo/b/egalilg.html
  Wissenschaftler von Aristoteles bis Kepler und Galilei: http://galileo.imss.firenze.it/museo/b/index.html
  Galileis Instrumente aus dem Ausstellungsraum IV: http://galileo.imss.firenze.it/museo/4/index.html

- Galilei-Seiten der University of St. Andrews, Scotland:
  http://www-history.mcs.st-andrews.ac.uk/history/Mathematiciaus/Galileo.html